摩訶毗盧遮那佛

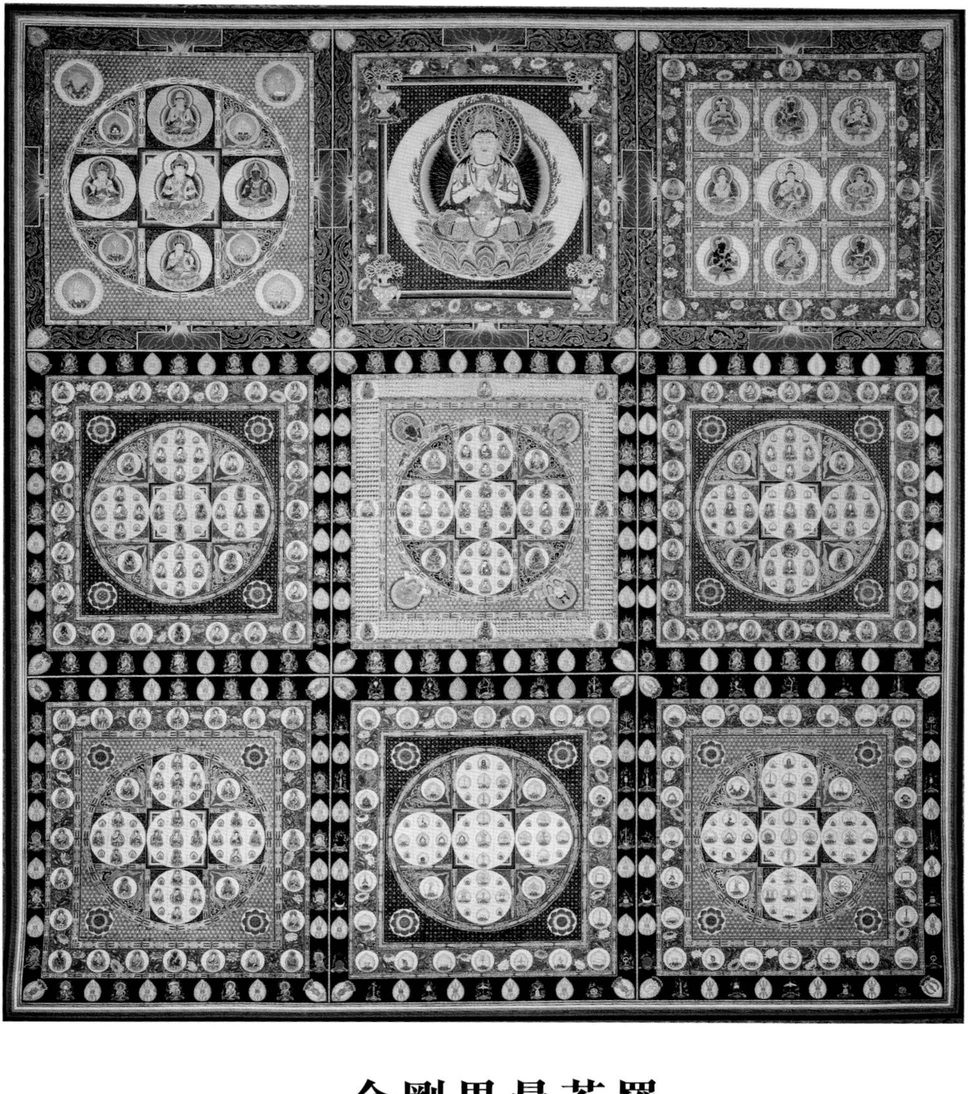

金剛界曼荼羅

胎藏界曼荼羅

日本佛教真言宗高野山派金剛峰寺中院流第五十四世傳法大阿闍梨
中國佛教真言宗五智山光明王寺光明流第一代傳燈大阿闍梨

悟光上師法相

真言宗讀本

宗史篇

悟光大阿闍梨略傳

悟光上師又號全妙大師，俗姓鄭，台灣省高雄縣人，生於一九一八年十二月五日。生有異稟：臍帶纏頂如懸念珠；降誕不久即能促膝盤坐若入定狀，其與佛有緣，實慧根夙備者也。

師生於虔敬信仰之家庭。幼學時即聰慧過人，並精於美術工藝。及長，因學宮廟建築設計，繼而鑽研丹道經籍，飽覽道書經典數百卷；又習道家煉丹辟穀、養生靜坐之功。其後，遍歷各地，訪師問道，隨船遠至內地、南洋諸邦，行腳所次，雖習得仙宗秘術，然深覺不足以普化濟世，遂由道皈入佛門。

師初於一九五三年二月，剃度皈依，改習禪學，師力慕高遠，志切宏博，雖閱藏數載，遍訪禪師，尤以為未足。

其後專習藏密，閉關修持於大智山（高雄縣六龜鄉），持咒精進不已，澈悟金剛密教真言，感應良多，嘗感悟得飛蝶應集，瀰空蔽日。深體世事擾攘不安，災禍迭增無已，密教普化救世之時機將屆，遂發心廣宏佛法，以救度眾生。

師於閉關靜閱大正藏密教部之時，知有絕傳於中國（指唐武宗之滅佛）之真言宗，已流佈日本達千餘年，外人多不得傳。（因日人將之視若國寶珍秘，自詡歷來遭逢多次兵禍劫難，仍得屹立富強於世，端賴此法，故絕不輕傳外人）。期間台灣頗多高士欲赴日習法，國外亦有慕道趨求者，皆不得其門或未獲其奧而中輟。師愧感國人未能得道傳法利國福民，而使此久已垂絕之珍秘密法流落異域，殊覺歎惋，故發心親往日本求法，欲得其傳承血脈而歸，遂於一九七一年六月東渡扶桑，逕往真言宗總本山—高野山金剛峰寺。

此山自古即為女禁之地，直至明治維新時始行解禁，然該宗在日本尚屬貴族佛教，非該寺師傳弟子，概不經傳。故師上山求法多次，悉被拒於門外，然師誓願堅定，不得傳承，決不卻步，在此期間，備嘗艱苦，依然修持不輟，時現其琉璃身，受該寺目黑大師之讚賞，並由其協助，始得入寺作旁聽生，因師植基深厚，未幾即准為正式弟子，入於本山門主中院流五十三世傳法宣雄和尚門下。學法期間，修習極其嚴厲，嘗於零下二十度之酷寒，一日修持達十八小時之久。不出一年，修畢一切儀軌，得授「傳法大阿闍梨灌頂」，遂為五十四世傳法人。綜計歷世以來，得此灌頂之外國僧人者，唯師一人矣。

師於一九七二年回台後，遂廣弘佛法，於台南、高雄等地設立道場，傳法佈教，頗收勸善濟世，教化人心之功效。師初習丹道養生，繼修佛門大乘禪密與金剛藏密，今又融入真言東密精髓，益見其佛養之深奧，獨幟一方。一九七八年，因師弘法有功，由大本山金剛峰寺之薦，經日本國家宗教議員大會決議通過，加贈「大僧都」一職，時於台南市舉行布達式，參與人士有各界地方首長，教界耆老，弟子等百餘人，儀式莊嚴崇隆，大眾傳播均相報導。又於一九八三年，再加贈「小僧正」，並賜披紫色衣。

師之為人平易近人，端方可敬，弘法救度，不遺餘力，教法大有興盛之勢。為千秋萬世億兆同胞之福祉，暨匡正世道人心免於危亡之劫難，於高雄縣內門鄉永興村興建真言宗大本山根本道場，作為弘法基地及觀光聖地。師於開山期間，為弘法利生亦奔走各地，先後又於台北、香港二地分別設立了「光明王寺台北分院」、「光明王寺香港分院」。師自東瀛得法以來，重興密法、創設道場、設立規矩、著書立說、教育弟子等無不兼備。

師之承法直系真言宗中院流五十四世傳法。著有《上帝的選舉》、《禪的講話》等廿多部作品行世。佛教真言宗失傳於中國一千餘年後，大法重返吾國，此功此德，師之力也。

目錄

第八章　宗祖與南都北嶺

前言

旅言

前言

梅尾祥雲著　日本真言宗

凡例

本書為令明瞭真言宗之全貌，同時以之為宗徒教養之資料，又基於宗門學徒之要求使用於教科書而編集，謂宗史篇，教義篇，實修篇，三篇中之一。

當本書之編集設立委員會，由其協力與援護而成本書，但為記事內容之責任明瞭上，以筆者之著書以之公刊。

本書亘及思想史與教團史兩面，但為通俗的主旨上，更無特殊分時代論述，但各章均逐有年代以叙說，依此來了解前後一貫之宗史真相。

古來顯密對辨之教判思想上，大日與釋迦為別體，以密教非釋迦教的見解亦有之，可是本書是為明白歷史上之具體的事實故，由此歷史上之見地而言，顯密無論如何都基於釋尊佛教之流愆。

本書為將古來之傳統活現於現代上起見，如其付法相承說等，即依史的見地來直看，以具體的歷史之事實而盡量免除無理的看法。

本書准據於日本新定文法，使用之漢字亦盡量避免艱澀之文句，但經論等之書目或特殊之事情，不得已而用制限外之漢字。

本書中亦有新起之稿，又多取材於拙著秘密佛教史，並日本密教學道史而改删，亦有新表題，又有當體的記載亦不少。

最後對於編集委員會各位之協力與援護，衷心地表示謝意。

昭和二十三年八月

著者　梅尾祥雲　識

第一章　我教主與教祖

第一章　我教主與教祖

弘法大師所傳之宗教謂真言密教，此以真言[1]為中軸，啟示其秘密體驗內容，當體如實顯露之宗教故也。

是甚麼佛為何人何物而說者，此恰如太陽照一切生一切之大日如來，為自法樂對於自內容之聖眾所說。

此真言密教之教主的大日如來雖具足一切之妙相，但用此肉眼無法看到。但是以心眼即在何時何處都可以看其姿態，聞其說法，祂即通三世貫宇宙，常住永遠的活佛。

無論如何活於永遠的佛，因為這肉眼不能見到故，亦非存在於心外世界之具體的之歷史上之佛。另待開了心眼，澄得心耳的具體的歷史的人，始得顯現其心內的佛。

言不過是宗教行者之內心所現的靈體佛而已。

然誰能實際可以感見其大日如來，能得接其實相？若果開了心眼，誰都可以接觸其常恒之佛，但以歷史上觀之，最初感見此佛者，即印度出現之釋尊。

(1) 真言即是秘密體驗之境地如實地表現得構成的言語

此事既在《金剛頂教王經》[2]等廣為說之，悉達多（Siddhartha）即義成就菩薩之釋尊，於菩提樹下端坐思惟時，教主，大日如來示現種種身雲，驚覺了釋尊，釋尊依其啟示而體得無上之正真道，遂而與靈體佛的教主，大日如來合一，釋尊自此得以自成大日如來。

此宗教行者的釋尊於與靈體佛之大日如來合一以上，釋尊即大日如來，但未與其靈體合一以前即釋迦與大日完全在現象上是個別之存在，此二佛無論如何都不可混同的。

又其釋尊與靈體佛合一之後，釋尊若住於大日之境地時，大日、釋迦，成為不二一體，釋迦即大日如來，但出大日之境地，或對心眼未開的小乘教人，或通途大乘教的人們，即不住於靈體之大日如來境地故，此時不能說釋迦即大日如來。這點釋迦與大日完全是別佛。此[3]弘法大師對他之佛教強調真言密教之特質時云，真言密教是大日如來所說，非釋迦說，因為釋迦不說大日之內證之所以也。即所謂住於大日之境地與大日合一時之釋迦是既成大日如來，非常途之釋迦故也。

(2) 此經具為《金剛頂如來真實攝大乘現証大教王經》上卷接別序說五相成身觀（大正一八•二一〇七頁下）廣說之

(3) 此大師在《辯顯密二教論》並應付法傳等所說之處

立於如斯見地，大師說了大日與釋迦之別體，明示了真言密教之所為真言密教的特點，雖然如是但並不否定歷史上之釋迦教、佛教。於大師其《請來錄》云：「釋[4]教雖是浩汗分之，即成通途之佛教的顯教與自所傳承之密教。玩一心之利刀者即顯教，揮三密之金剛即密教」云云。又其《付法傳》云「[5]於佛教一、三、五乘源一，皆又分，乃至體同而用殊」。

然於心外世界，具體的歷史的事實上而言，雖云真言密教，亦不過是出現印度之釋尊，依之所展開的佛教之一。真言密教是去今二千五百有餘年前，印度迦毘羅衛（Kapila）城主，淨飯大王之長子的釋迦，六年苦行之後，於菩提樹下端坐冥目，至明星呈現東方之頃，豁然大悟，身心脱落成為大日如來，由此為淵源[6]。

有此釋尊始有真言密教之展開的歷程上而言，釋尊即是真言密教之教祖了，但不得與教主其物混同。

(4)《請來錄大師全集》第一輯一〇一頁之取意之文

(5)《應付法傳大師全集》第一輯一頁之文

(6)《賴瑜之即身義顯得鈔》下卷（真言宗全集十三・七六頁）舉即身成佛人証以釋迦為即身成佛

其教祖釋迦與教主大日如來合一而生之處，才是得到無限之生命活於永遠。此謂金剛薩埵（Vajra-sattva），此金剛即是永遠不滅，薩埵即存在者，即是「人」，反正金剛薩埵就是活於永遠的人，即「永遠人」也。於彼菩提樹下成為大日如來之釋尊，即活於永遠，當體即永遠之金剛薩埵也。此事於《攝真實經》云：[7]「我身（釋迦）已成金剛薩埵」。[8]《理趣釋經》云為一切義成就菩薩之釋尊是，普賢金剛薩埵之異名」。

其處才有真言密教之黎明，有紀元，即靈體的大日與行者的釋迦之間，令生與被生，能照與被照，與及被與，面面相對，妙感妙應之境地遂而現出，此即付法相承之源初，從此金剛薩埵之教祖釋尊繼承教主大日如來之職位。

(7)《攝真實經》中（大正一八‧二七四頁）下之文

(8)《般若理趣釋》上（大正一九‧六〇九頁）中之文

第二章　龍猛與南天鐵塔

第二章　龍猛與南天鐵塔

此歷史上之釋尊成為活於永遠的金剛薩埵，繼大日如來之職位，將傳其妙應妙感之境地當體，像阿難、迦葉等之小乘機是不堪受的，只有與釋尊同等，能融合大日如來，得活於永遠的金剛薩埵才能傳之。

如彼之密[1]教經軌所説，於真言密教，受秘密灌頂後，勇猛精進，生於永遠的人均為金剛薩埵故，自生於永遠，傳永[2]遠之道的人總稱為金剛薩埵，其金剛薩埵於未來必有其人，於秘密裡傳承此，為傳此得流布於一般而待時待人者也。

時，南天竺有龍猛（Nagarjuna）菩薩應其識，遇了宇宙神秘之體驗者之永遠人的金剛薩埵，依其金剛薩埵傳授此真言秘密之法，起初才流布而此世間，展開為濟生利民之新宗教。此於《三十七尊出生義》云「釋獅子正得大日如來授之」傳於金剛薩埵，金剛薩埵得之經數百年傳給龍猛菩薩。

(1)《般若理趣釋》上略之經四，其他立秘密經聖位經等説之

(2)大師之《難問答大師全集》第四輯五七頁即身成佛人是指誰？答其人多，暫指金剛薩埵

此龍猛菩薩，是在何處，如何地由金剛薩埵傳承密法，依弘法大師之《付法傳》：釋尊滅後八百年，入南天竺之鐵塔，親受金剛薩埵傳之。即如來之滅後有一大德名龍猛，先立其塔前，誦大日如來之真言，大日如來現種種身，於虛空之中說法門章句，次第抄寫之，完了時即消滅，其所寫之經典乃「毘盧遮那念誦法要」一卷。

時其大德，更成就持誦力，願能開其塔，經七日繞塔念誦，加持白芥子打其塔門，至第七日塔門即開，然塔內之諸金剛種，一時踴怒不得其入，只見塔內，香燈一丈二丈，名華或寶蓋懸列充滿其中，又聞到讚聲。

時此菩薩，至心懺悔發大誓願，諸金剛神出來問曰：「汝有何事」，答曰「如來滅後邪林榮而大乘將滅，今此塔中有三世之如來一切法藏，願受持利濟群生」，金剛手命入，入已塔遂閉，見其內即是法界宮殿，毘盧遮那之現證率覩婆，三世之諸佛菩薩，皆住此中，即蒙金剛薩埵等之灌頂加持誦持一切秘密法門，依此流布世間云。

此南天鐵塔之記事是傳密教到中國之金剛智三藏之口說，其弟子不空之記述，稱謂《金剛頂義訣》為基之說，但依大師之見解另有解釋之處亦多，又潤色之處亦不少。

依大師之見解，鐵塔云者即宇宙之象徵，其當體即法界宮殿，大日如來之現證的塔婆，此鐵塔是映入龍猛菩薩之心眼故，不是人力之所造，可謂如來神力之所現。

反正龍猛菩薩受永遠人金剛薩埵灌頂，映入其心眼的宇宙之實相表示，即此南天鐵塔，此處之一草一木無非悉是永劫佛之姿，溪聲悉皆廣長舌，大師所謂「三世諸佛皆住此中」即此。體驗此宇宙之神秘，始將此流布於世，由此真言密教才被世所認定，依此龍猛之心塔開扉，以之真正地開了真言密教之一新紀元者亦不少。

第三章　真言密教之付法

第三章 真言密教之付法

此龍猛菩薩出世於西曆第二世紀至第三世紀，刷新了當時之萎靡沈滯的佛教界，被所有人崇敬為現實之活佛。

常參入宇宙之神秘，於一草一木上認證永劫流動的無限生命之佛姿，其佛常放光明常在說法，但以罪故不見不聞，恰如日出盲者不見，雷霆震地聾者不聞，而述之。

又云「不知世間法，乃至，不能教化一人」，教以世間之經書，技藝、方術等之總活用，進而造塔，供養佛像，觀佛等之必要，更以阿、羅、波、等之世間普通文字來象徵得無限之體驗世界的涉入妙術說示，都是此龍猛菩薩所設，依此菩薩開拓了真言密教之處女地，確立其基礎。

龍猛菩薩以此世間法上建立了出世間之宗教，即此世間活現佛陀之精神的見地，不辭與婆羅門教徒捔咒術，不但如此為度偏信外道之國王，自脫僧服作一軍將，利用以此軍將之信任，遂而引此王入於佛法都敢為者也。

如斯崇奉龍猛菩薩的國王，大概是南天竺引正王家之一王，菩薩為此一王而裁書，懇懇而誡其放逸，勸誡住於佛陀之精神。此引正王家爾來歸依此菩薩信仰深厚，用擭很多資材，於黑峰山開鑿五層之石窟寺，安住菩薩於此。

菩薩以此黑峰山為中心而光被德化四方，極其偉大的事情，即在菩薩滅後一百年，譯其傳歷的姚秦之羅什，於其傳之跋語云「南天竺之諸國為彼建廟敬奉如佛」，依此即可窺見其一班。

此龍猛菩薩以來，真言密教次第發展於印度，自西曆第七世紀至第八世紀，至誇其盛榮。時有龍智菩薩，傳承龍猛菩薩之粹實，廣為宣布於南印度，成為密教付法之第四祖。

龍智之弟子有金剛智三藏，三藏西曆第八世紀初師事於龍智究學密教之蘊奧，時常前往印度南端之補陀洛山參詣，蒙受觀音之靈告，思立中國之開教，於玄宗皇帝之開元八年，攜了幾多的梵本由海路來唐，在唐二十二年翻譯了《金剛頂略出經》等很多梵本，盛施教化後，開元二十九年，以七十一歲而遷化。

金剛智三藏之弟子有不空三藏，身為玄宗、肅宗、代宗三代之帝師，集宮廷百官之歸仰，不但翻譯了自己請來之梵本五百餘部秘密經典，更弘布真言密教於中國全域，現出其黃金時代乃全是三藏之力。傳此三藏之正統者，即是惠果和尚，成此和尚之正嫡弟子即弘法大師也。

於此將真言密教之源初的大日如來與金剛薩埵二祖，加龍猛、龍智、金剛智、不空、惠果、弘法之六祖為付法八祖，此正示弘法大師之傳承的秘密法流之正統，常用於灌頂血脈。

第四章　真言密教之傳持

第四章 真言密教之傳持

並非弘法大師之法流正系之祖師，但在中國流傳真言密教而護持者，有善無畏三藏與一行禪師。

善無畏三藏是東印度烏荼國之王子，年僅十三歲而即王位，大集國民一般之信望，諸兄嫉其能而起亂故，予以鎮定，但自己對於王位不屑留戀，遂讓其兄，身投佛門。

時，印度那蘭陀寺有位達磨掬多，不但精通真言密教，已經得到秘密體驗，名聲嘖嘖之者，故三藏師事之得窮其蘊奧，時常受師之策勵，依之決志往中國開教，不顧已經八十歲之高齡，將秘密經卷積於駱駝之背，共商人隊取路於天山北路，開元四年始來到唐土。玄宗皇帝深為嘉勉，欵待厚遇無所不至，以國賓之禮遇待之，不但翻譯很多之秘密經典，殘留了幾多的功績，開元二十三年，九十九歲示寂。

其弟子有一行禪師，禪師從北宗禪之普寂出家，研究禪兼學天台於弘景，特私淑於弘景之高弟，繼承教學的惠真，既成一家。善無畏，金剛智之兩三藏來唐同時師事於其兩三藏學究密教，當善無畏三藏之《大日經》翻譯時自當其筆受者，更追隨推究經之深義，撰著《大日經疏》二十卷。

我真言宗寺院之祖師堂所奉安之八祖是除大日、金剛薩埵二祖外，以龍猛、龍智、金剛智、不空、善無畏、一行、惠果、弘法，此為之傳持八祖。因為是流傳此真言密教於世間之護持祖師故也。

其傳持之八祖像的特徵是，龍猛是持三股杵，龍智是梵經，金剛智持念珠，不空結外縛印，善無畏右手立頭指，一行是在衣下結印姿，惠果伴童子，弘法持五股與念珠。一見其特徵可直認其祖師是誰，為便利得識別有「暗誦要文」云：「龍三、龍經、金珠、不縛、善指、一內、惠童、弘五之句。」

此傳持八祖古云住持八祖，此為住持秘密教法於世間，予以有力的祖師故也。弘法大師其《略付法傳》，對於付法之祖師，如宣布秘密教法有功績之善無畏，一行之二祖只是添加而已，並無附了住持或傳持的別名。

從而去大師不遠的時代，其會理僧都在東寺灌頂院之壁面，畫真言列祖之肖像時，南壁寫𑖀·𑖪𑖽二字表示大日如來，西壁金剛薩埵、龍猛、龍智、金剛智之四祖，北壁之西方不空，次東壁善無畏、一行、惠果、弘法之四祖，列成十祖。

依此見之可以明白，去大師不遠之時代，付法祖師外，並無獨立之住持，或傳持之八祖。此至建久二年御室之守覺法親王之記錄的「真俗交談記」中始有介紹了住持之八祖，更於德治二年，靜基撰之《密宗血脈鈔》，見到其住持改稱為傳持。

第五章　真言宗之獨自性

第五章　真言宗之獨自性

真言密教是釋尊之成道為契機，起於印度，傳入中國，但其教法是個人的，而止於師與弟子之傳承，並無宗教團體的統制機構組織。此自傳入日本始在思想上制度上，至於具有獨立組織體系。此之日本密教獨自之構想下成立了真言宗，實乃全賴弘法大師空海和尚之力。

勿論，真言宗之名稱是《分別聖位經》為其發源。以真言為宗要及作中軸的宗教之點，與從來之真言密教無異。但其具有具體的新宗團組織點是完全異其趣。

弘法大師何故至於組織新宗團者，即基於恩師惠果和尚之教命「早歸鄉國，以之奉獻國家，流布天下，為蒼生增福」是可以明瞭的，又對於自己所傳承之真言教法是成佛之捷徑，與在來之南都佛教等其選有異故，宣布此新宗教即為人道又為國家，自己深信果能完成此使命者也。

當處大師是大同元年由大唐歸朝，直即將自己請來之經卷等之目錄，共其旨趣予於附記奉進朝廷，其翌二年親謁平城天皇，得到弘通真言密教之勅許，於此始得開創了真言宗。

但是羅馬非一日造成的，大師之真言宗開創於其過程，有幾多支障困難，不能從心所欲，此事於弘仁六年四月，勉其諸有緣大眾，對於秘密經典之書寫的懇請書中，大師自告白曰：「貧道歸朝雖經多年，尚未感到時機，不能廣為流布」云，又大師之弟子們，記述其真言宗開創以來之經過書中「道高於餘宗，教異於常習，此間法匠各各生矛盾，敢不服膺十餘年間，不見其建立」云。

打勝此苦難，活用了一切機會，孜孜不倦不屈，常以秘教之宣揚與其組織化為專念，大師多年之忍苦，遂而得報，弘仁十四年正月，嵯峨天皇使藤原良房，將京都東寺永賜大師。

此東寺是桓武天皇為王城鎮護之勅願寺而建立者，與奈良之諸大寺相等，是諸宗雜住之寺（十方叢林），但大師即以真言密教之特殊性，得到勅許，以此為真言專屬之道場，改名謂教王護國寺，常住了真言專修僧五十人。令其學習，大師之新制定的真言獨自之經律論與三藏，更養成大師晚年次代之後繼者，確立了每年教養學徒三人的三業度人制度。

大師著作了《辯顯密二教論》，《十住心論》，《秘密寶鑰》等，對思想上強調真言宗之獨自性，外的制度上獨立構成根本道場，於此收容教徒及統率教養，大師之真言宗是完全日本密教獨特之一宗，而整成其面目。

第六章　真言宗之開祖(一)

第六章　真言宗之開祖（一）

真言宗之開祖的弘法大師，有稱謂不空三藏之再來，不空三藏之入寂為大唐之大歷九年，即日本之光仁天皇之寶龜五年六月十五日，誕生於讚歧國多度郡屏風浦，父佐伯田公，母出於阿刀氏，幼名真魚，性來富於宗教心，幼時常以泥土造佛像為戲，安置於童堂禮敬。

延曆七年十五歲，共外舅阿刀大足遊，上於當時經營中的長岡之新京，隨大足修習詩文，十八歲入大學，主學經書，其傍暇時常遊於奈良舊都，往石淵之勤操大德處聞佛教，亦蒙授虛空藏菩薩之求聞持法，然其當時之大學是以修身齊家為基本的儒教之教育為終始，到底不能滿足宗教天才之大師，相反勤操大德所授之佛教玄理是正解決謎的人生之鍵，故大師之心漸次深入佛教的方向移動。

時常常被勃興而來的藤原氏之勢力壓倒，始自大伴氏以及分家的佐伯一族亦漸漸凋落，眼前日臨衰滅的悲運，其反面是見到，得時顏以槿花逐一朝之夢，輕佻浮薄之都會生活，時大師之宗教心湧然達於高潮，遂以「朝市之榮華，念念輕淡，巖藪之胭霞，日夕慕之」的趨向，決然去了都市，以名山靈嶽苦修練行為能事，或登阿波之大龍之嶽，或勤念於土州室戶之崎，得到幾多尊貴的宗教的體驗。

同時漸漸決志入佛道，將大學以半業而退，始自阿刀大足，以及近親知己之反對，延曆十二年二十歲時，遂仰勤操大德為師，出家於和泉國楨尾山寺，名稱謂教海，後云如空，至二十二歲時，於東大寺戒壇受具足戒，法諱改謂空海，當其入佛道之宣言書二十四歲時所著，即《三教指歸》三卷，此乃大師之處女作也。

其後大師住於奈良之大安寺，曝眼於所有佛典，默默專心研鑽，但逢著難估之疑惑，乃是否有成佛之可能，依大師當時之南都佛教而言，要費無限之時間，積了無盡之因行，否即無法成佛。若果此是事實，成佛之事完全是不可能的，生死之惱是永遠無法解除，果然如是釋尊何故對吾們説示成佛之道耶，又一化五十年之辛苦行蹟而言，此肉身即有可能成佛不違，所以才有如是宣傳，若是可能，即一定有説示此肉身直即成佛的凡聖不二之經典，「願三世十方諸佛，示我不二之法」，地熱誠祈願於佛天，其當時之苦衷大師自告白曰：「徑路尚未知，臨歧而幾度泣」云。

其精誠不空，遂而於大和之久米寺感得不二之經典《大日經》。大師以喜耀之眼光，披覽之但不知意義難通之處很多，問之，國中無人知之。遂決志入唐求法，經勤操大德之手奏問此，於延曆二十三年五月得到勅許，六月藤原賀能、橘逸勢等一同於難波出發，其七月六日在肥前國松浦郡田之浦出帆，此即大師三十一歲之時。

然在其途中，遇了非常之暴風，應該著陸於蘇州或揚州的船被南流，八月十日，勉強著於福州（今福州湧泉寺山門立有空海上陸之地的石碑）。對此不應著陸而著陸之船，因為福州觀察使是新任，對於事務未慣，其為日本遣唐使而生疑，無論如何都不許上陸，大使，藤原賀能幾次上書都不能解其疑，時大師即代為裁書，送此給觀察使，觀察使一見其書，深為其文章之不凡庸而驚奇，疑念忽晴，一行請於官舍欵待無微不至，自此立差特使於西都長安漸待勅命，再度向明州開船，即旋於今之寧波，徑蘇州，渡揚子江，依運河等，十二月二十三日，才到達長安，其途中之困難實無法想像。

第七章　真言宗之開祖（二）

第七章 真言宗之開祖（二）

到達長安之大師，即宿於西明寺永忠和尚之故院，巡歷其市街，尋訪名師，只探知青龍寺惠果和尚一人，當時大師與西明寺之志明法師、談勝法師等五六人打連，一日訪問惠果和尚。

和尚一見大師歡喜無限，同大師云：「我已經先知汝會來，相待已久了，今日相見，甚好、甚好，報命將盡，付法無人，必趕備辦香華，入灌頂壇」，當時大師隨此和尚，六、七、八之三個月，授此真言密教之粹實至實之傳授灌頂職位，體驗了即身成佛之實相之味得，恰如一器之水瀉另一器，通過和尚而能得體得了絕妙之法的當體。

然在其年十二月，寒氣極強之日，和尚召大師近前曰「我今此土之緣盡不能久住，乃至，僅見汝來，不恐命之不足，今即有授法，經像之功亦終」，而慇懃地遣告，其十二月十五日卒然遷化。

和尚之弟子很多之中，獨東海一孤島的沙門之我大師唯一人授傳最大秘法之奇緣，特別為大眾選出，為和尚撰其碑文，其中「弟子空海，顧視桑梓即東海之東，想起行李即難中之難也，波濤萬萬，雲山幾千，來即非我力，歸即非我志，招我以用索，引我亦用索，乃至，和尚掩色之夜，於其境界中，告弟子曰：汝尚未知耶，我與汝深有宿契，多生中互相誓願弘演密藏，彼此互替為師資不止一兩度而已」，云云。以之可知其關係非一朝一夕者也。

如斯大師以其翌，元和元年，即日本之大同元年八月離開唐土，十月到筑紫，其翌大同二年入洛，謁新帝之平城天皇，得到密教弘通之勅許，於此至于開創真言宗之曙光露出。

大同四年，平城天皇讓位，皇太子即位，乃是嵯峨天皇也，此天皇聰明廣恒之上而明書道，大師亦其道之成就者故，此天皇即位不久，依勅命書世説屏風奉進，天皇對大師之歸信益厚，對於密教弘通上非常得到便益。

弘仁三年十一月至十二月，大師於高雄山神護寺開了惠果直傳之灌頂壇時，日本天台宗之開祖傳教大師為筆頭而有其弟子賢榮、泰範、圓澄為始，東大寺、元興寺、大安寺、西大寺等之南都之諸學匠等，都均來集受其灌頂，悉執弟子禮。

弘仁七年，大師以修禪道場而開創高野山，其十二年（大師四十八歲）依讚歧之民衆之願大成了萬濃池工事，大師之德遍及一世，由此真言密教廣為弘通，同時弘仁十四年（大師五十歲）正月，嵯峨天皇，贈賜東寺給大師，永久為真言宗之根本道場，既如一言，日本密教獨自之真言宗才能確立起來。

大師是能書家，秀於美術，巧於文章乃誰都盡知，嵯峨天皇為始，與傳教大師等及當時之知名之人們間往復的文章，現存於《性靈集》，《高野雜筆集》等中放其陸離的光彩。

更可特記者，天長五年，依大師在京都九條所開的綜藝種智院也，日本國中私立之民眾學校的初建者可以說是大師為最初。勿論在大師當時，有和氣氏勸學院，藤原氏勸學院，橘氏之學館院，有如斯之學院，都屬私立，亦是為其一族的學校，不屬民眾一般廣為教育的學校，當處大師即建此綜藝種智院，為大眾授與佛教，儒教、道教等及當時之百科學藝遍授之。

大師如是成就了各種大事業後，仁明天皇之承和二年三月廿一日，六十二歲而入定於高野山。

第八章　宗祖與南都北嶺

第八章　宗祖與南都北嶺

弘法大師與南都佛教之間，具有極微細的交情，可思之，大師不但承蒙勤操大德之推奏入唐留學，已經對於入佛道的出發點，隨勤操出家得度，對於勤操所屬之三論宗之年分度者而言，大概都已受度牒了，又出家後住於三論宗之本山大安寺，在研究三論宗中，迅向當時知名之師學法相，故南都的人們目中認為大師是南都佛教徒之一員，這在大師之《御遺告》可以窺見，「我後生之弟子門徒要以大安寺為本山須兼學三論法相」等即是。

然後弘仁元年，大師補任為東大寺之別當，爾來四年間雖管理寺務亦當為普通事情而不怪。大師於此建立真言院宣布真言密教，其四年中，為藤原一門於興福寺之境內建立南圓堂，同十年即於東大寺之大佛殿書金光護國寺之遍額，其十三年於東大寺真言院之境內設灌頂道場，給平城天皇奉授灌頂，更於天長元年，大師主催在東大寺鋪張齋會，其六年，在大安寺為別當管理寺務。

大師對此等之行蹟，南都之佛教徒誰都不敢拒之，不但如此無論陰陽都予以互助，以此點徵之，可知大師與南都諸宗之間，如何地圓滿調和是可以想像的。

因為大師之性格恰似溫容珠一樣的基礎是明白的，依引一二之事例來考察之，唐僧如寶是與鑑真和尚同時來朝，受其和尚之咐囑住於唐招提寺，於弘仁四年對於同寺恩施封戶五十烟，大師為此如寶代作奉謝之文書助之，又其翌五年，護命的弟子仲繼同樣的眼中人，元興寺之中璟，送艷文給宮女而得坐罪時，大師特為上書盡其情理，「冬天若無暖景梅麥何以生華」等，請為其赦罪。

更於天長六年，元興寺之護命僧正之八十之賀，大師自作詩並製序，共二三子設茶湯之談會，不但如此，為護命之弟子仲繼給與代作「秋日為僧正大師奉詩並序賀之」。其他興福寺之玄賓，梵釋寺之永忠等，南都佛教的代表錚錚之人們，皆與大師諧調極其和氣藹藹者也。

彼之叡山之傳教大師與筑波山之德一的三乘一乘論之法戰，大戒小戒論有關問題，於南都諸宗爆了火花而抗爭時，大師在開高野山，或行腳於諸國，不敢捲入抗爭之渦中，此不是對南都諸宗沒有抗爭問題，若果傳教大師之所謂圓頓大乘戒是不相容與四分律宗之小乘戒者，相同的意義上真言宗獨特之秘密三昧耶戒與小乘戒即視為無兩立不得。然不敢傳教大師的抗爭態度，盡量調和，避免此顯密二教戒之矛盾，以四分律之小乘戒為出家一般之通戒而容認之，真言宗獨特之三昧耶戒為入壇灌頂直前所授，言秘密三昧耶戒，其形式與小乘戒無大差，不外只其戒之精神內容有異而已。於斯平和親善之間，秘密三昧耶戒亦至於移植到南都佛教之上。

更翻之，北嶺即叡山之傳教大師最澄與我大師的關係如何來考察時，最澄是多我大師七歲的年長者，我大師還在讚岐之田舍十二歲時，最澄已經十九歲，得到桓武天皇之恩寵，於北嶺之叡山結草菴，著手開創日本天台宗。

延曆二十三年，最澄三十八歲，我大師三十一歲，俱上入唐之旅程，其當時，最澄已授朝廷封為修行入位，十禪師之一，名聲赫灼無比，反之我大師祇是勤操門下之一秀才，都是一位凡僧而已，其入唐後大師之殊勝才能忽為唐土所重，歸朝後之大飛躍，大活動終至凌駕最澄。

弘仁三年，我大師於高雄山寺，開了惠果直傳之灌頂道場，最澄在唐土對於密教沒有專攻故，自以執弟子禮入壇，更借覽大師請來的豐富之秘密經軌，與於書寫等，兩者之間道交極濃。

然，沒有想到對於《理趣釋經》有關問題，或最澄之弟子泰範之有關問題突發，兩者之間大概有幾分之疏隔，這是異於原來的立場上，信念上之問題，兩者之間沒有像普通人們所想的障故，沒有像最澄與南都諸宗間所惹起的正面衝突。弘仁十三年六月四日，最澄五十六歲失意後歿之。此最澄寂後，我大師以勅賜之東寺為根本道場，張其教勢，法華一乘為宣揚中心之叡山佛教亦不覺中被其勢力壓倒，深以察知離了真言密教，無法導其時代，最澄寂後十年，即天長八年，最澄之弟子圓澄、德圓、南覺等三十餘人連署為更深地移植密教與叡山，至於懇請我大師授法。

無論如何，我大師之晚年，南都北嶺之佛教悉為我大師教風所化，大師公開《十住心》之教判，以南都佛教之法相宗排為第六位，三論宗第七位，天台宗第八位，華嚴宗第九位，其最高位隸屬於真言宗，但南都佛教中無一人反對，不但如此，最少我大師之生存中，北嶺之叡山佛教亦不敢抗爭，可知大師之真言密教如何地風靡南都北嶺之佛教界。

第九章　宗祖與其弟子

第九章　宗祖與其弟子

真言宗之開祖的大師仰為師主，而對於僧俗一般授灌頂的弟子等若算之，即如彼實慧獻書中所云「不論道俗男女尊卑授灌頂者以萬算數」。其數之多可以想像不難。

特別追隨大師究其密教玄底繼其法燈者亦有相當之數字，所謂十大弟子為稱的實慧、真濟、真雅、智泉、杲隣、真如、道雄、泰範、圓明、忠延，之外有堅惠、道昌、真然、圓行、常曉等，誠是多士濟濟。

此中大師之後繼者成為東寺之長者，繼承法燈者即實慧，實慧與大師相同，出於讚岐之佐伯家，比大師少十二歲的年少者，初隨南都大安寺之泰基法師修學唯識，延曆二十三年，於東大寺之戒壇受具足戒，私淑於同鄉同族之先輩弘法大師，大師歸朝之後，為其弟子，弘仁元年，廿五歲親受大師灌頂，為日本最初之入壇弟子。

爾來追隨大師研鑽，當在開創高野山時被大師所選相其地形，天長四年建立河內國觀心寺，大師常重實慧，承和二年三月十五日，集諸弟子於高野山遺言時云「我滅度之後，汝等宜以實慧為師表，興我道專賴大德之力」，咐囑實慧掌根本道場的京都東寺，實慧即為其東寺長者而統轄一宗，留了幾多的功蹟後，承和十四年十一月，六十二歲示寂於河內檜尾之法禪寺，後賜于道興大師諱號。

接此實慧，任東寺長者即真濟，真濟生於京都，姓紀氏，因為生家代代為儒家，故自幼通於世典，詞賦文藻具秀，於大師門下中以文才聞名，集大師之書翰或文章編成《性靈集》十卷之人，若年而仕大師，天長元年廿五歲，就傳法灌頂職位，依大師遺囑高雄山承當其經營。

大師入定之翌年，即承和三年，受勅命與真然加入遣唐使之行列上了入唐留學之途，但被風波而漂流海上，終於飲恨空身歸還，其後受僧正之官職，擬將讓奉大師以上奏，依勅而追贈大師為大僧正之官，真濟之僧正職即如初不動，晚年隱栖於高雄山，貞觀二年六十一歲而入寂。

更承真濟之後為東寺長者乃是真雅，真雅即大師之內弟比大師年輕廿七歲，大同四年九歲時，上京私淑於大師，弘仁十年十九歲於東大寺受具足戒，天長元年為高雄山寺之定額僧，其翌二年三月五日，於東寺依大師授兩部大法成為付法之大阿闍梨。此時面授之秘印，世謂之「天長之大事」云。大師御入定時咐囑大和之弘福寺並東寺之大經藏。其後經十五年，嘉祥三年，清和天皇出生，成為其御侍僧，宮廷之歸信篤厚，貞觀六年許以坐輦車入宮中，自古僧家浴此恩典者以真雅為初例。元慶三年正月，世壽七十九歲示寂，後贈法光大師。

比此真雅年長者而中途夭折者，有智泉，智泉是大師之姊的兒子，延曆十六年九歲時，大師伴他入於奈良之大安寺，與大師共事於勤操大德，大師歸朝後常侍大師左右共苦樂，壽僅三十七歲寂於高野山，大師痛惜而慟哭，為此草了嗟嚫文，且繪其形像，世之所謂「涕之御影」云。

大師之弟子中，如智泉夭折者固有，又如杲隣（真如親王），比大師年長七歲，大師入定後尚在，承和四年七十一歲成為東寺之定額僧，更以金枝玉葉之御身侍奉大師。大師入定後不顧其高齡不但入唐，還企入竺，於其途中仆倒的真如親王亦有。

其他於南都東大寺為華嚴宗之第七祖，後來轉為大師的弟子之道雄亦有，同是由三論宗轉入的道昌亦有，傳教大師最澄之愛徒，後為大師之弟子的泰範亦有，又圓明是紀州人，忠延是京都人，但其事蹟俱不明。

此通觀之，大師之弟子中，多為同國或同族，如真雅是大師之內弟，經營高野山之真然即是內甥，實慧與智泉即與大師出於同族，道雄與道昌同是同國人。

此等之同鄉同族的人們成為弟子雖支援大師，大師之宗團才有圓滿進展是極其自然，又一方面，大師有容一切，活一切的如溫容珠之性格，才能到處各方面吸收一切人，此等為大師之弟子，大師之宗教亦才有光輝的突出，這在傳教大師的「山家學生式」之制度下，雖然教養很多弟子，但大半都逸去，比較起來可以思過半矣。

第十章 弟子之教育制度

第十章　弟子之教育制度

大師當教養弟子是用如何的方針之下，依甚麼方法，如何來施作，其是如何支配至後代等的考察時，有如「譬如、千年、讀誦、本草、太素（醫書）不知四大之病謂何不得曾除。談論、百歲、八萬之法藏，不如調伏三毒之賊」，非有行為裏的教育是無用的，大師即特別強調行學一如之教育。

但人是生於歷史之中，住於周圍之環境中故，大師雖言弟子教育，亦不能無視其時代。大師之時代之宗教教育是基於文武天皇之「大寶令」為主，「撰定信心深厚之在俗童子，此於寺院教育之」，如斯先將在俗之童子收容於寺院，其寺之師主者教與主要之素讀經典，將來有出家素質者，以年分度者之候補者推舉於官，課試之及第者，以年分度者而許可得度，遂而受具足戒，更住於所定之寺院，勵於專念行學。

智泉於延曆十六年，九歲而入大安寺，與大師同仕勤操，真雅於大同四年，九歲師事於大師，以童子受師主者之教養過程。

而在年分度者，得度受戒之後成為完全之出家人。大師住於高雄山時代，以杲隣為上座，實慧為寺主，智泉為授事，統率一切弟子，大師親為弟子們指導，時而講授《大日經》及種種之經論章疏。

此事天長元年，高雄山之檀主的和氣朝臣真綱，奏請於高雄山寺常在學修僧廿七人等，其翌三年，大師之弟子之真體，為教徒養成之傳法料，將亡妹之遺產悉數施入等之事蹟來推之，可察知當時之僧教養。

遂而以東寺為根本道場，大師住於此，為東寺常在之定額僧制「三學錄」，令各自以自主的研學大師由大唐請來之特定經律論。淳和天皇發願造營東寺講堂，果其成功之曉，誓願在此永遠講讀「三學錄」所列之秘密經典，但因經濟上之事情，遂而不能實現。

大師之晚年為自己開創之真言宗維持上，軫念其宗徒教養方法，定了三業度人制度，三業度人者有心以真言學道為本業者三人，亦即每年施設得度三人，其三人即分專攻《金剛頂經》為本業者，專攻《大日經》為本業者，專攻聲明即悉曇為本業者，三種各專攻一種。不管南都與北嶺之諸宗已經實行年分度者制度，「真言一宗即起於人法新，流傳年試，獨受天恩而後學無所適從」，大師予以自己奏上，承和二年正月得到其勅許。

此制度最初於京都東寺實行，但恐導致大師私人經營之高野山荒廢，再改奏課試，得度，共在高野山施行，但大師之生前尚未運到，大師入定後體其遺旨，實慧大德上奏，承和二年八月二十日得到勅許官符，其九月二十四日，即仁明天皇之聖誕之日，於高野山金剛峰寺，初行之。

其方法是准延曆二十五年正月廿七日之官符，課與自為本業之經論章疏之文十所與義十條，通共五以上為及第，將此上申於官，得度緣同時隨師主得度，更以南都東大寺之戒壇受具足戒。受戒後六年間，住於高野山，依山外不出之籠山制，專攻於金剛頂業、胎藏業、聲明業之各一，但其為行學一如之教育，為練行之方法而課與十八道之修法，以學科課程即舉以《守護經》或《六波羅密經》等為依。

實慧大德不但於高野山布設此三業度人制，更於東寺為定額僧之教育，組織傳法會，其已荒廢之綜藝種智院予以沽卻，獻於丹波大山莊之田園為傳法料田，承和十三年四月二十五日為東寺之修學僧，真雅、真紹、源仁、宗叡等開始《大日經疏》之講讚，其翌十四年四月三日，真正地組織傳法會，於東寺之講堂為定額僧五十人，每年講說真言之經律論疏。

准此東寺之傳法會，當任高野山經營之真然僧正，亦於高野山設置，春秋二季開演而制定式目，依此每年三月一日為始至廿一日三七日間，且書寫且傳授，金剛頂業與胎藏業與聲明業之三業法門，此名謂修學會。十月五日起至十八日之二七日間，先正書寫之經論之誤字，練傳授受學之法門，此謂練學會云。

此二會之舉行之間，「假定是骨肉近親之者亦不得交座」，如是嚴重之掟下實修者也。然貞觀十八年真然大德為維持此二會，於紀州購了水陸田三十八町步，以為料田，又為行此二會亦建設寺院云。

如斯，大約六十年間，每年舉行之高野山之傳法會及至無空之時，雖不得已中斷，於京都東寺以斷續的，維持到堀河天皇之康和二年頃。其傳法會在平安朝末期，依院政時代，由覺鑁上人再於高野山興起舉行。

第十一章　東密之後入唐諸家(一)

第十一章　東密之後入唐諸家（一）

大師之後由東寺一門入唐求法者，有圓行與常曉及慧運與真如親王與宗叡之五人，此謂後入唐東密五家。

圓行是京都左京人，大同四年十一歲事元興寺之歲榮，十六歲時依華嚴宗之年分而得度，弘仁七年十八歲入大師之室，廿五歲受兩部大法，後拜杲隣為其付法嫡子，承和四年正月，依實慧之奉奏得到入唐求法之勅許，五月六日乘遣唐大使菅原善主之舶入唐，十二月到達長安，此即大唐之開成三年。

翌年正月，至青龍寺，座主義真喜迎於門，導入圓行於寺內，圓行即往拜故惠果和尚之廟塔，捧上本國之信物，代表日本之密教徒，表其孫弟之誠。

時寶壽院之光辨等，試舉經文問尋要義，圓行之答辯如流，集會之諸德皆感歎，具奏於朝廷，為圓行賜與內供奉講論大德之號。遂跟義真阿闍梨研鑽真言宗義，閏正月三日由義真受傳法灌頂職位，更在我大師之靈前，表中國密教徒之敬意，托以種種供物，其他由中天竺之難陀三藏咐囑梵夾並佛舍利等。承和六年十二月，攜了數多之經典，圖像法具等歸朝，住於山城葛野郡北山靈巖寺，大為宣布密乘，後，仁壽三年三月六日，以五十四歲而遷化。

常曉幼時，被棄於山城小栗栖之路邊，為人拾去養育云。稍長，師事於元興寺之豊安學三論宗，弘仁六年於東大寺受具足戒，後從我大師受學真言法，天長之初，得到登灌頂壇。

承和三年奉勅擬入唐，遇了暴風而未果，同五年六月，與圓行同乘遣唐大使菅原善主之船出帆，八月到著揚州，住於淮南城之廣陵館，至孟冬大使等入京，但常曉不得受入京之勅許，空滯在其地。

時常有稱謂日本國之入唐僧靈仙之弟子者兩三名來謁，云他們其師主靈仙，來自日本，學德兼秀，官家珍惜而不許其歸國，將要臨終之時，命我等，「我艱苦求法而渡來此土，但恨者太元之法，為國禁關係不得傳到日本，汝等待本國之人來叩，特與附之」，「我等守其遺言有年，今得逢師，亡師之願足矣」云，遂將有關太元法之諸曼荼羅，法文、道具等，悉傳常曉。

常曉雖得法，尚未知詳細之修法，然後同年十二月移住於栖靈寺之大悲持念院，幸逢不空之弟子惠應阿闍梨之付法者文璨和尚，始得究其太元法之秘奧，更謁華林寺之元照大德，究盡三論宗義之源底。在唐年餘，承和六年八月歸朝。

其翌七年移住於山城宇治郡之法琳寺，其十二月，依勅而初修此太元秘法於宮中之常寧殿，貞觀八年十一月晦日示寂。

常曉之付法弟子寵壽，繼其跡，成為法琳寺之別當，每年修此法，仁壽元年以此為國典，每年正月八日起至十四日一週間，於宮中之治部省，由歷代之法琳寺別當修此。

第十二章 東密之後入唐諸家（二）

第十二章　東密之後入唐諸家（二）

東密後入唐家之隨一慧運，與圓行同是京都人，稱謂安祥寺僧都，大同二年十歲時已有出家之志，仕於實慧大德曾師事之東大寺泰基法師，並藥師寺之中繼律師，弘仁六年十八歲而得度受戒，後專念於法相大乘之研鑽，時常遇實慧大德，「法相之學無論怎麼深廣，成佛即難期，不若學即身成佛為基調之真言密教」之教誘，轉隨實慧，究其真言密教十二年，遂通達其堂奧。

時依勅命，任鎮西府觀世音寺之講師兼筑前國之講師。又補任為九州一圓之僧統，此乃是天長十年之事，即慧運三十六歲，師赴任以來，競寸陰而專念密教之研鑽，同時志決入唐求去，承和九年五月，遂辭兩個講師，到肥前之松浦郡，其八月由大唐之商船入唐，可是不幸地遇了會昌破佛之難，艱苦費了五箇年，巡歷名所求法，終於攜了真言經規等二百二十卷於承和十四年六月歸朝。

嘉祥元年藤原冬嗣之女的仁明天皇之女御，藤原順子。依其本願開了京都山科安祥寺，師為其第一世，貞觀元年，仁明、文德兩帝為追福，於此下賜年分度者三人，受了很多之寺領田畑之寄捨，貞觀之末年始自上下兩所之大伽藍，塔頭之坊舍達至七百餘字。慧運於貞觀十一年九月廿三日，七十二歲而示寂，但其後至第十一世宗意之時，樹立了事相之一流，為安祥寺流之本山。

次真如親王，初名謂高岳，平城天皇之第三皇子，大同四年，嵯峨天皇即位立為太子，但其翌，弘仁元年「藥子之亂」之禍遂廢太子，沒有幾泊隨我大師出家，改名為真如，密號稱遍明，遂而學法相於修圓，攻三論於道詮等，受密教於我大師，更沐兩部阿闍梨位灌頂，成為十大弟子之一。貞觀三年，自已所疑為不能解決故志於入唐求法，奏請得到勅許，同七月難波出發，九月到肥前之松浦，於此滯留造新船，翌年七月，宗叡、禪念等六十餘人一同出帆，九月到達明州，途中歷訪名僧知識，此費了三箇年之歲月，大唐咸通五年，即日本之貞觀六年五月，入了長安，留錫於西明寺，遂而遭青龍寺之法全阿闍梨，為解決了自懷之疑難，但阿闍梨無法開啟。為此親王更決志入竺，得了勅許而赴淮南，同六年正月發於廣州，上了入竺之途，日本國人企入竺者，實以親王為最初。此時之親王年齡當然不必知，若果追算起來，廢太子時已經有善淵，安貞之二子，假定是廿歲，咸通六年即非七十八歲之老齡不可。以此老齡而上了入竺之壯途，途中在羅越國仆倒，誠為悲壯之極也。

更有後入唐僧正之稱的宗叡，與圓行、慧運同是京都人，大同三年生，年十四登比叡山，隨十禪師戴鎮得度，天長八年受具足戒，遂跟興福寺之義演學法相，後再度歸叡山，依座主義真究其天台宗之大義，跟圓珍受兩部之大法。後移住於東寺，師事於實慧，學金剛界之大法。禮真紹傳阿闍梨位灌頂。

貞觀四年，真如親王共時入唐，謁汴州之玄慶受金剛界之灌頂，遂登五台山巡禮聖跡，更往長安青龍寺受法全和尚胎藏之灌頂並究學其源底。和尚咐囑以金剛杵及儀軌為信物，又承慈恩寺之造玄，興福寺之智慧輪等傳於秘法，更至洛陽，詣善無畏三藏之故院受其遺物，在唐三年，貞觀七年十一月歸朝，請來之經軌一百三十四部，一百四十二卷，及法器等，納於東寺之經藏中。

元慶三年五月，請和上皇創立圓覺寺，請宗叡為戒師於此落飾，名稱素真。同年冬宗叡即補任為僧正，扈從上皇巡歷近畿之名山佛閣，垂了幾多之教化後，同八年三月廿六日七十六歲，寂於禪林寺。

此等之後入唐諸家，依之請來新秘密經軌凡幾故。貢獻東寺一門之教學幫助莫大，又一面此等諸家承受惠果以後中國所發達之義真、法全、造玄等之異流密教故，造成他日東密一門之秘密事相分派，惹起禍端之淵源。

第十三章 台密與東密

第十三章　台密與東密

東寺為根本道場的弘法大師之密教稱為東密，於叡山天台宗之弘通的密教為台密。

此台密雖開祖是法華圓教合併真言密教弘通之傳教大師最澄，最澄為叡山之第一座主，至於第二座主真義，第三座主圓澄，完全立於東密之下風，拜其後塵外無之。

然對此而不覺厭煩的慈覺大師圓仁，於承和五年六月，共圓行、常曉入唐，十星霜完全費於求法，承和十四年，當於歸朝時，請來了東密未傳之蘇悉地大法，並熾盛光之法等，依此發揮了台密之獨自性，次第得了始自皇室，王公貴族之尊信，至於飄揚台密之教幢於比叡山上。

繼而仁壽三年，智證大師圓珍，又入唐在留六年，精研秘密教法同時得到，經律論疏、梵夾、目錄等四百四十一本一千卷，道具、法物等十六品，天安二年歸朝，受皇室之尊信漸厚，遂貞觀六年七月，於仁壽殿，始奉清和天皇、藤原良房等授與灌頂，從而講《大日經》等，台密之勢威得到至上之顯揚。

如此台密得來勢力同時對於東密為自己之立場為明白的必要上，次第組織了台密之教判。東密對顯教一乘與秘密一乘為各別，而台密是以此兩一乘為同一。此台密之判教思想，經圓仁、圓珍、至安然、一佛、一時、一處、一教地完成四一教判，一切佛謂名一佛，一切時為一時，一切處為一處，一切教稱一教，統攝十方一切之佛教之處，即為台密之特質。

此以相承血脈上考察時，東密即以大師之《付法傳》為基，兩部大法無論如何都以大日、金剛薩埵、龍猛、龍智、金剛智、不空、惠果、弘法，用兩部等葉之血脈為主，而台密對此是以海雲，造玄之所說為准，胎藏是大日、金剛薩埵、達摩掬多、善無畏、玄超、惠果等為順序，金剛頂部即以大日、金剛薩埵、龍猛、龍智、金剛智、不空、惠果為順序而以兩部不等葉為基本，更在東密是《大日經》與《金剛頂經》之兩部大經之外不立不二經典，台密即兩部大經外以《蘇悉地經》為不二經，構成三部門為特徵。

然東密與台密各自異其教系，雖然教判亦異，但此東台兩密之間，互相交涉關連之處亦不尠。

因為台密之開祖傳教大師最澄已經受過弘法大師灌頂，不但傳受東密之法，於大師以後，東密家之入唐者，圓行、慧運、宗叡之三師與台宗之圓仁、圓珍相等，都是在中國受義真，或法全等傳法，所以相通之處多歟。特別如宗叡入唐以前，已經隨智證大師，圓珍，受台密之灌頂，貞觀七年由大唐歸朝，自等之法流傳「禪林寺之後之僧都」的峰斅，峰斅是延喜年間，傳於叡山之座主，增命，增命更將此傳給東密之寬平法皇，法皇之付法的寬空又傳給台密之皇慶，如此東密與台密之法流互為交錯者也。

其他台密之增命受東密之觀賢灌頂，又東密之覺鑁是受三井之覺猷傳台密，特者叡山之慈惠大師，良源等知聖寶，觀賢所傳之秘法可以治拂「怪物」有靈驗，欲受此學，因為觀賢已逝故，欲往尋觀賢付法之石山淳祐而懇請努力，淳祐固辭不應，不但如此，良源不屈，風雨無阻每日戴竹笠穿草鞋，往石山寺一百天，一日不怠，淳祐為其至誠所動遂傳於東密之大法授與良源。

無論如何，為得法驗不問東密台密，對其所傳予於理會味得，以身去體驗之處，當時之高僧的確具有其意氣在。

第十四章　東密之教勢

第十四章　東密之教勢

大師之後，實慧之觀心寺、真雅之貞觀寺、道雄之海印寺、真紹之禪林寺、道昌之法輪寺、圓行之靈巖寺、慧運之安祥寺、常曉之法琳寺、宗叡之圓覺寺，各自應其境遇，以其檀越為背景，各各建立寺院，各依其立場，為密教而昌隆，大張教線，擴為宣傳，但都是各各分散孤立，不能成為集團發揮勢力。

然宇多天皇踏了清和天皇之芳躅，寬平九年讓位於醍醐天皇後，昌平二年以東寺長者，益信為戒師而落飾，延喜元年，以益信為大阿闍梨在東寺之道場受兩部之灌頂，其四年，御室並圓堂構於洛西之仁和寺，而遷御，為東密之一阿闍梨營了僧門生活，此天皇之法諱名「空理」，亦稱宇多法皇，亦謂寬平法皇稱之。

其後御室仁和寺即以皇子皇孫相繼相承，法皇之德化所洛之貴族弟子，誰都身投僧門，蝟集其周圍，殊者法皇付法之寬空，住於嵯峨之大覺寺，寬空之法資的寬朝，開創了廣澤之遍照寺，住於其處故法化延及近郊，以御室仁和寺為中心，廣袤數里之間，堂塔並甍，圓乘寺、圓宗寺、喜多院、大教院、佛母院、無量壽院、教王院、保壽院、華藏院、尊壽院、西之院，等凡百之院家子院，都建軒呈現龍象地遍滿盛觀，至東密寺院之集團社會現象。

又寬平法皇之時與益信相併而擴張東密教勢而盡力者有理源大師聖寶，聖寶是真雅之法資富於道念，時而慕役之行者小角之清風而跋涉靈山大嶽，到處苦修練行，開了修驗道之基礎。貞觀十六年，創建醍醐山於山城之宇治郡，以法驗之顯著，始自醍醐天皇以及集朝野之尊信於一身。延喜四年依勅於准提堂修求兒之法，靈驗不空，朱雀、村上二帝相繼誕生，醍醐、朱雀、村上之三帝，深於歸信而建堂塔，施入莊園，大為教風之宣揚盡力。

而此醍醐之山上山下建了許多之子院，又於近郊有入唐僧惠運建立之安祥寺一門，更有醍醐天皇之生母的藤原胤子之遺旨，依之將祖父宮道彌益之舊邸改為勸修寺，以此等之大寺為中心，於洛東成立了東密之集團。

殊以聖寶之法資觀賢，天資聰敏人稱謂文殊之化身，於陰於陽助其益信及聖寶，努力發揚宗運，終至宇多天皇亦歸入東密，主賴師之力所負為多云。但東密之教勢恰如御室、醍醐、高野一樣，對立各地，暫至亂了統制之東密教團，離開根本道場東寺，於各自一方為主之嫌而慨之，觀賢特別在宗政上之一大統制而努力。

為此彼於昌泰三年替天台宗之幽仙為仁和寺之別當，同時亦為東寺之凡僧別當，延喜九年補任為東寺長者，其十八年兼東大寺之檢校，其翌十九年補為醍醐寺座主，亦為高野山金剛峰寺之座主，一人占各方面之重職，於此計劃一大統制，但觀賢之材幹與德望之所趣，到處都有非凡之功績的成就。

第十五章 東密之分派（一）

第十五章　東密之分派（一）

由益信、聖寶、觀賢等之力大為發揚宗運，東密的教勢漸漸伸張的同時，傳此之門下法孫的特質與環境之相違。由此大師之法流分為小野、廣澤之根本二流，而後變成十二流、三十六流、七十餘流等。

因為甚麼至如斯分派耶，其分派之原因依古來所傳，大師之門下中有實慧與真雅之二法流傳至後代，其他皆斷絕了也。其二流中實慧之法脉傳於其正嫡弟子，禪林寺之真紹，真紹傳給其俗甥之宗叡，此宗叡幼登叡山，出家而學天台於真義，更跟圓珍究台密後，歸於東密成為真紹之付法者，與真如親王入唐，依法全等傳兩部不等葉之密教故，自然帶有台密之傾向，只傳大師之法流兩部等葉之真雅，真然有異其趣。

然南都元興寺之護命之弟子，學究法相宗後轉入東密，住於平安右京之南池院之源仁，均師事於真雅與宗叡受其法流，才根本的統一實慧與真雅之二法流。此源仁之門下有益信與聖寶，授益信者以實慧，乃至，宗叡為法流，承聖寶者以真雅直傳為法流故，有包容台密法流與不然之二流，即至分為廣澤與小野二流。

但此說果然是事實與否，於此有再吟味之必要。思之，於中國之惠果之相傳，有兩部等葉與不等葉的樣子，我大師與圓行所傳都屬等葉之血脈，後入唐宗叡並台密之圓仁，圓珍所傳即俱兩部別傳之不等葉，於中國惠果之後，特別強調不等葉說，海雲、造玄、法全，都均以此為基本。師事此等之日本國之圓仁、圓珍、宗叡，都以不等葉為主地傳承。

此等之後入唐諸家之傳來新說，直接或間接都當時風靡了思想界是不爭的事實。此不止於單為益信之系統廣澤流為限，以兩部大法各別相承，金剛頂部是大日、金剛薩埵、龍猛、龍智、金剛智、不空、惠果、弘法為八祖相承。胎藏部是大日、金剛手、達磨掬多、善無畏、玄超、惠果、弘法之七祖相承的兩部不等葉說是小野流比廣澤流為多。觀賢將此血脉傳於淳祐，一定以來，小野流都以此不等葉說為最極秘密地相承看。依此點看來，蒙受台密之影響者，聖寶之系統之小野流都比益信之系統廣澤流為甚者而此不等葉之印信亦不限於小野流，廣澤之寬空傳給小野之元杲之印信，都是兩部不等葉即此。元來於廣澤流傳等葉血脈外傍傳不等葉之相傳，但至鎌倉之末期，清算了此傍傳，只用正傳等葉之血脈，而宗叡等之相傳的台密不等葉之用與否，依之分為小野與廣澤二流之古來傳說，早已不可信者也。

第十六章　東密之分派（二）

第十六章　東密之分派（二）

蓋東密之法流分為小野與廣澤之根本二流並非單是教義上之爭，或法流上內容之關係。完全是基於東密之教團勢力，分為御室仁和寺為中心之洛西派與醍醐一山為中心之洛東派之二大分派的結果。

已如說明，宇多天皇以益信為戒師而落飾，以東密之傳燈者君臨於御室仁和寺以來，代代以金枝玉葉之御身來繼承法脈，來集此者都是出於名門貴族，自然形成名門派，或云華胄派之密教，所謂洛西派之東密教團。反之如醍醐一山之開創者聖寶，其繼承者觀賢，都是以法驗家及宗教天才出身，不然是名門身分，從而沒有像名門華胄派一樣弱年淺陋而得顯榮之地的便宜，都超越了此等之俗權，優遊於自由天地的高材逸足之士亦不乏其人。又對此庶民法驗家之德的仰慕而來集之門下生，不覺中形成了醍醐為中心之洛東派之東密教團，來對立名門華胄派，但尚未至公稱謂廣澤派，小野派之派號。而華胄派由益信、空理、寬空而經至寬朝之時。庶民派依聖寶、觀賢、淳祐、元杲、經至仁海之時，於此才有公稱庶民派為小野流，華胄派（貴族派）為廣澤流。

其中公稱謂廣澤流之寬朝，當是宇多天皇之皇孫，為仁和寺之別當，同時管東寺西寺，當時亦謂國中第一聲明家，又是法驗家，或以為歷朝之國師，得朝野無限之尊信。開創了廣澤之遍照寺而住之，四方來集之門下漸多，遂而自益信，法皇以來之形成謂名門華胄派之東密教團，終基以寬朝之所在地名，將其廣澤至於稱謂廣澤流了。

反此，洛東之庶民派之系統所屬之仁海，晚於寬朝三十九年之後輩，但依勅而祈雨者九次，常有發揮靈驗，被稱為雨僧正，開創小野之曼荼羅寺，於此教養學徒，相傳仁海拜師百人學密法，傳法千人，可推想得知其來集門下生之多。此等之學徒以醍醐為中心形成洛東之一角，庶民派之東密教團，以仁海所住之地名稱謂小野流，這都是自然之趨勢了。

更此小野，廣澤之根本二流分為十二流等，決非教義上之爭為起因，大概都為修法祈禱上，於靈驗之現得的見地，對於最有效驗之儀軌次第，或秘義口訣之傳承為尊，各各隨其師之傳授，於集此之結果，自然與他有異，以致各各形成一流派的樣子。此之傳授弟子秘法，師當以詳察弟子之器，自己之意樂為原則，其授法有彼此之差別，至其結果，其付法之弟子各自以所傳為最極，為正嫡，而逞其高調者。

更以另一面而觀察之，一或二都以祈禱之法驗為能事，其當時之社會情勢都是欣慕此者也。今將野澤諸流之根本系譜列之於左。

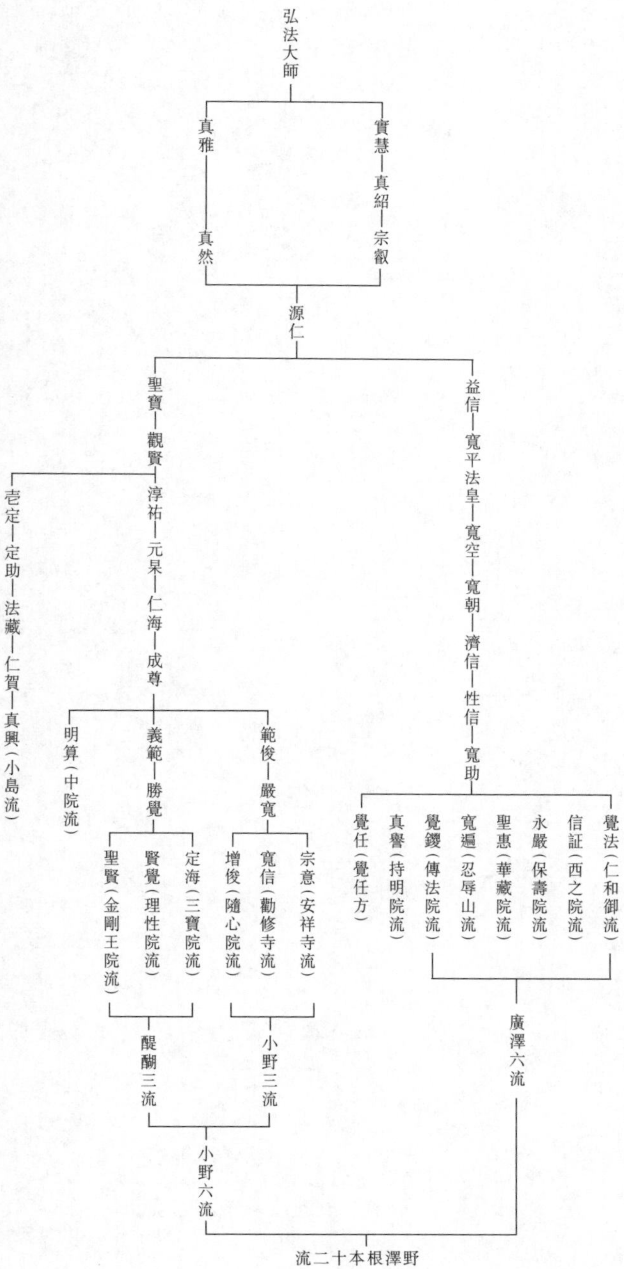

第十七章　野澤根本十二流

第十七章　野澤根本十二流

小野六流與廣澤六流合之為野澤根本十二流，其中廣澤六流者，仁和御流、西之院流、保壽院流、華藏院流、忍辱山流、傳法院流，俱是御室仁和寺之成就院大僧正寬助之下所分。同分之流祖的持明院之真譽，般若寺之覺任，普通都除之不算，只算京洛為中心之著名六流，以此為根本。

(一)仁和御流，此法流具云仁和寺御流，亦單謂御流，此法流是白河天皇之第四皇子，寬助僧正之法資覺法親王為流祖，親王為父君白河法皇之崩御而深以哀悼，於大治年間登高野山，建光台院以為禪居故，此親王亦稱謂高野御室，此親王之正嫡有覺性親王，是鳥羽天皇之第五皇子，初任日本總法務之官，統攝全國諸宗，其勢力淩駕東寺長者，由此仁和寺極其隆盛。

(二)西之院，此流以崛池之信證為開祖，信證是後三條天皇之皇孫，通達事教二相，於教相著有《大日經汗栗馱鈔》七卷之優秀之著作。此法流後出宏教門流甚榮，分派生出元瑜方與能禪方。

(三)保壽院流，此法流以永嚴為開祖，永嚴是下野守平師季之子故，永嚴亦謂下野之法師。建保壽院於仁和寺住之，後於高野山建平等院籠居故師又謂平等房，其著有《圖像鈔》。此亦謂《十卷鈔》，弟子有覺印與覺成。

（四）華藏院流，此流祖是白河天皇之第五皇子之聖惠親王，親王住於仁和寺之一子院的華藏院，後移住於高野山，傳御兄覺法親王之法脈。又幫助覺鑁上人創建傳法院的人。

（五）忍辱山流，此法流以寬遍為流祖，寬遍開了仁和寺之一子院的尊壽院故，此法流亦稱尊壽院流，後於大和添上郡再興忍辱山圓成寺住之故，亦稱此法流為忍辱山流。

（六）傳法院流，此法流為新義真言之派祖，興教大師覺鑁為流祖，此流根來廢滅之後，傳於仁和寺真光院之經瑜，代代相承於仁和寺，在仁和寺真乘院孝源之時，繼承於豊山之卓玄等，爾來為新義豊山派之本流至今日。

以上對廣澤六流，而小野六流者，安祥寺流、勸修寺流、隨心院流、三寶院流、理性院流、金剛王院流，狹初之三流之意味為小野三流，後之三流為醍醐三流，此總稱謂小野六流，然小野流狹醍醐三流的小野三流之分派者，因於成尊之付法弟子，義範與範俊之爭嫡庶問題而來。

(一)安祥寺流，安祥寺是後入唐之慧運所開創，其後慧運之法脈絕，寺運衰退，其當時勸修寺之長吏，嚴覺之甥的付法弟子宗意中興此寺，成為安祥寺流之祖，此宗意之後經九代至興雅之時，盡將此法流之源底悉傳於高野山宥快，宥快之後更經九代，高野山南院有良意，跟此良意究其法流之最極，比較與諸流，照於教相，新興隆此法流者即是淨嚴。此淨嚴之法流謂新安祥寺流，或云新安流，以前之安祥寺流謂古安流云。又此法流自稱御簾流。此御簾之者由內可以看外而由外不得看內，如掛簾一樣，住此法流之內的人可以窺看外他流之內容，外流不能看此流之內容的理由，而誇稱者也。

(二)勸修寺流，此法流是寬信為流祖，寬信不但究了密教之事相之奧蘊，通於法相三論之學，兼興福寺別當之人，其著有《類秘鈔》等，此勸修寺至室町時代，後伏見天皇之皇子，寬胤親王繼承以來，以親王代代相繼續。

(三)隨心院流，隨心院原是由仁海開創之曼荼羅寺之院室，增俊住此而將已經廢頹之曼荼羅寺改為隨心院之號，由自己創始之法流謂隨心院流云。

(四)三寶院流，此流是醍醐三流之隨一，以定海為流祖，定海是三寶院之開基者勝覺之正嫡而相承法流。同時亦是三寶院之第二世，勝覺之法流外，更跟小野之範俊並其弟子良雅攝取其法流，於此至創出三寶院流之一流。此之三寶院流門葉甚榮，其分派亦極多。

（五）理性院流，此之法流之祖是賢覺理性房，此法流又稱玉心院流，元來理性院是醍醐之一子院，原是賢覺之父，賢圓威儀師之住房改為寺，賢覺自取其字來號謂理性院，賢覺由其師勝覺承了大師御筆之准提觀者，並及寶珠曼荼羅之重寶，同時授了牛黃加持之秘訣，於此以至創出一流。

（六）金剛王院流，此法流之祖是聖賢，聖賢是理性院賢覺之胞弟，聖賢又稱三密房賢仁，資性勤勉而究盡密教之秘奧，於醍醐創金剛王院，教養門下於此開創一流。

此等小野六流之外與範俊、義範，同等為成尊之付法弟子明算創始中院流，明算是為高野山興隆而發念願，天喜六年起至延久四年，前後十五年間，往來於小野與高野山，並傳真然相承之秘訣大事，為高野山大師直系而成一流規模。如斯小野、廣澤之根本二流，各各分成十二流等，其分派之風潮益增其勢，遂入鎌倉時代成了三十六流，更於室町時代之中項變成七十餘流，但三十六流，或七十餘流等，依其流名而區區不甚發達，亦無有一定之流傳。

第十八章　高野山與觀賢

第十八章　高野山與觀賢

高野山金剛峰寺是為大師修禪之道場而建的一私寺，後奉朝廷為御願寺，自大師得到高野山開創之勅許時之弘仁七年至其御入定之承和二年，大約廿年間之苦心經營，伽藍僧房之輪廓，略有整頓，但導致達到完成之域乃主賴大師之俗甥的真然之力。

真然為不辱大師之遺囑的念願之下，專心當於高野山之經營，同時似乎亦向外廣為宣傳此高野山之威靈，從而於元慶七年七月，真然為東寺之第二長者時，參內而應陽成天皇之勅問而答曰：「高野山是前佛之淨土，後佛之法場，諸天日日擁護，星宿夜夜守護，一次運步於此，無論甚麼罪障都能消滅」等地強調高野山淨土之旨趣云。其翌八年，補為東寺一之長者後，在住於京洛東寺之時為多故，觸時應機，對高野山廣為紹介於世。昌泰之年彼宇多法皇與益信登山於高野山，完全是於當時之山岳崇拜思想以及此高野山淨土思想，構成於朝野之間的結果。

如斯高野山漸向發展之運，真然後經壽長至無空之時，不幸惹起東寺長者觀賢之間的三十帖策子問題。

三十帖策子者，大師在唐之行，得橘逸勢等之助，自筆書寫請來之經軌三十帖之事，此納在東寺之寶庫以宗寶而保存者，然而高野山之真然為此借覽上隨身於高野山，遂而不返卻東寺，將此傳給弟子壽長，壽長傳給無空，謂何真然將此不返卻東寺，傳於高野一山者，東寺側之紀錄與高野之紀錄雖各異其觀察點。但觀賢為東寺長者，以統制主義上無論如何都要謀取回收東寺，延喜十二年長者觀賢兼東寺法務，其十二月送使者往高野山，迫其送返三十帖策子給東寺，知無空不肯，於此奏上寬平法皇，以此法皇之院宣，於延喜十五年十二月再次至其督促，但無空即不欲將此師資相承之法寶提出一山，又恐逆院宣而先行院宣之前，帶此策子及門徒隨身離山。

何故至於離山之舉者，當時公家之信仰即以王法及佛法是一體故，佛法破滅即是王法之崩壞，法滅即寓意王法之廢頹，雖然表面恐背院宣而離山，實即意味著王法之滅亡而離山擬令其改院宣為策，但此對策終於不能奏功。

於此高野山的前後處置，觀賢是真然之弟子，又是聖寶之付法，同時自拔其同法者之內供奉十禪師峰禪，補為高野山座主，無空之殘黨不服此峰禪之結果，於延喜十九年春，辭其座主，東寺長者的觀賢自己兼高野山座主，爾來數百年間東寺長者兼攝高野山座主，迴收處處分散之三十帖策子，納回於東寺大經藏。

於此之先，觀賢看其大師後輩的台密之圓仁都已經宣示其大師號，而慨東密之開基之根本祖師尚未賜大師之謚號，而經寬平法皇之手於延喜十八年八月十六日奏請謚號之降下，而尚無勅許，更於十月十一日與十六日兩次，重行奏請，為山徒之妨害運動未達其目的，遂於延喜二十一年十月，又再兩次奏請之結果，成為醍醐天皇之靈夢，其二十七日始有謚號之勅許，觀賢與勅使同時，捧其謚號之宣命並更衣一領登於高野山，親自開了定窟拜其聖容，親手為之剃髮著新衣。如斯大師之入定留身聖化了高野山，成為現身之淨土，此信仰支配了後代幾百萬之信徒，其為淵源乃歸於觀賢之勝計是得到肯定的。

第十九章

覺鑁與高野山

第十九章　覺鑁與高野山

三十帖之策子問題而無空帶門徒離高野山以來，一山盡歸荒廢，雅真檢校或祈親，明算等之先德都種種策畫，但止於院宇之修繕或一山之經營為主，既已廢頹的學業都不及復興。此漸入院政時代，大約二百年間中絕的高野山之傳法會，才由覺鑁上人再興。

覺鑁上人於堀河天皇之嘉保二年，生於肥前之藤津庄，十三歲入於京都仁和寺，謁成就院寬助成其弟子同時遊於南都學練性相，天永元年十六歲再歸住仁和寺，從寬助剃髮，永久二年二十歲始登高野山，隨青蓮院之青蓮，最禪院之明寂，寶生院之教尋等研鑽不怠。二十二歲以後修求聞持法及八次，不得悉地，遂於保安二年十月於醍醐之理性院由覺賢授秘訣，其翌三年七月二十日當此起首發八大願，其第八願即「撰集真言宗之章疏，續密教之壽命，開行者之心眼」云，對此有關修學練行之上人的真誠態度都感激了幾多的識者，特別是寶生院之教尋見上人之非凡大為期待而激勵上人，上人亦感奮而於高野山建傳法院開傳法會，依此恢弘密教擬復興高野一山。

又時常登山之聖惠親王之斡旋，仰鳥羽上皇之庇護，其年五月，於高野山創建小傳法院，此置學眾三十六員，而漸次增加學眾，因之院宇狹隘，重新奏請大傳法院之造立，蒙受勅許，天承元年著手營構，其翌長承元年完全落成，當時十月十七日仰鳥羽上皇之臨幸，以堀池之信證為導師舉行落慶式，其夜眾學相集而修大傳法會。

此大傳法會之實修，學徒成林，大張高野山之教勢，上人又接真然之遺旨，企畫高野山之獨立，奏聞於鳥羽上皇結果，廢其東寺長者定海之高野山座主之兼攝，長承三年五月上人以同門的持明院之真譽補任為金剛峰寺並大傳法院之座主。

然至其冬十二月，鳥羽上皇以院宣而免其持明院真譽之座主職，以上人為任大傳法院兼金剛峰寺之座主職，更將削其明算之付法弟子良禪之檢校職，授與上人之內弟之信惠上座。這乃是大檀越的鳥羽上皇之力，同心協力而努力隆盛高野一山之外，似乎另有不純之動機，此被局外者種種邪推，為此上人買了金剛峰寺方之反感。

以處置此上人的金剛峰寺方之大眾，完全認為是橫領一山之隱謀而不服，又京都東寺之大眾亦認為破壞「基於大師之御遺告」的東寺長者兼高野山座主之舊規而甚反對，遂於保延二年，東寺一門之僧綱十四人，有職八十三人，並高野山有職四人，一味契狀之上，著法衣，捧香爐，陳參一列憤奏朝廷，其結果，不得已覺鑁上人削了座主職，還補東寺長者定海，如原之高野山座主，免其信惠之檢校，至於補任真譽。此事以來上人即幽居於密嚴院耽於禪觀，完全不面接任何人了。

然對上人反感之金剛峰寺方之眾徒擬以幽居密嚴院之上人為僭越大師入定，見機要襲傳法院，悉知此之傳法院方求援兵於源為義，為義誓必子子孫孫守護傳法院，探知此之金剛峰寺方於保延六年十二月七日，託其相賀之地有關之爭論，集諸庄之兵，其翌八日，遂而襲傳法，密嚴之兩院，傳法院亦指揮帶甲冑之番士以迎戰但不利，上人以大治元年逃至曾擬建立一院之根來，金剛峰寺方即乘勢破壞傳法院方之八十餘坊，迫下六百餘僧。

其後經四年，康治二年閏七月，傳法院之學頭，兼海同座主，神覺等，申請院宣，追訴歸住高野山，但與金剛峰寺方和議不妥，其年十二月十二日，覺鑁上人以四十九歲為一期永寂於根來圓明院，此上人仰至新義真言之祖，東山天皇之元祿三年十二月十六日，賜謚號為興教大師。

第二十章　新興佛教之真言宗

第二十章　新興佛教之真言宗

掉尾了高野山的覺鑁上人之活動，同時亦閉了平安朝之幕，展開了完全面目更新的鎌倉時代，共時政權由京都移動於關東，公卿中心之世界一轉為武士中心。

當此社會革新之時，恰似目擊了變成滄桑極淒涼的光景之人們，都感到人生之無常觀，心馳於永遠之來世為欣求淨土之思想，而得到安慰之風潮漸高，乘此氣運，興起法然及親鸞之淨土教，以非常之勢而傳播於庶民之間。

而奔走於生死之間為打倒敵人為本能的武士而言，這種感傷的消極精神之淨土教都感其過於弱，自然欣取以上之精神修養為基本的剛健質實之宗教，時常以入宋之榮西或道元的教外別傳不立文字為基調，立於生死的巖頭而超越生死之教的禪宗，至此漸傳於武士之間，武士們之心不期而集，連幕府亦援助其興隆故，忽而至禪宗為武士專屬之宗教。

其未來主義之淨土教與不立文字之禪宗，即以應時之要求風靡一世之信仰界，又幕府之根據地之鎌倉，亦同時由日連提倡了法華宗，此法華宗具有極其排他的傾向故，其上被加種種之迫害，但一方面有其主張的「立正安國論」適合當時復古的國粹思潮，因此亦擁有非常之勢弘布於一般界。

為此新興宗教所刺戟，如代表平安時代之佛教之真言宗亦大為覺醒，進出關東方面大張伸其教線，對各種角度來刷新其氣分，即廣澤方，西之院流之中興的宏教下向於關東，居住於鎌倉雪之下之無量壽院，其門下出能禪與元瑜之駿足，能禪住於相州金澤之稱名寺為能禪方之祖。元瑜留錫於鎌倉雪之下淨國院為元瑜方之祖。又醍醐之成賢門下之意教上人，賴賢是應鎌倉將軍賴經之招，在其雪之下開了常樂院，於此教養願行、慈猛、證道、義能之四哲，各各出了願行方、慈猛方、證道方、義能方之四祖。更有意教上人相等之成賢門下所屬之守海是住於鎌倉佐佐目谷之遺身院，經其付法的賴助，出了東寺教學之基盤的自性上人，我寶。

今以御室一山而言，鎌倉時代之初期，有日本總務之官之守覺親王，盛勢壓倒四隣，現出仁和門流之黃金時代，醍醐一山即有勝賢、成賢、憲深等之高僧，門流漸榮，從而分出三十六流之分派。

但東密之權勢分立仁和寺與醍醐寺而根本道場之東寺，不覺漸至衰運，加經保元、平治之亂，為平氏之專橫，到處都庄園被奪，境內之一部被押領，不得已而趨頹廢，入於鎌倉時代建久年間，有文覺上人企畫大修繕，於弘安，永仁之項，有願行上人憲靜，盡力為其修造，於德治，延慶之時，後宇多法皇依其御願，有施入許多之領地，建立了觀智院，寶菩提院等之十五支院，常住有二十一人之定額僧，至此才復其舊觀。

此時代於高野山等見到真言教學之振興乃不外全被其當時之社會情勢所刺戟的結果，不但是教學問題，在真言宗徒之中亦有對其僧風之頹廢而非常感嘆邁進其淨化之者輩出，其中如俊芿，正治元年入宋，來傳南山律，於京都興建泉湧寺，於此飄揚其律幢。如叡尊，赴東大寺發得自誓自受大戒，德化普及五帝，即為後嵯峨、後深草、龜山、後宇多、伏見之帝師。以南都西大寺為根本道場，開真言律宗。

更又於北朝時宗之權勢時，際會自蒙古襲來之國難，自然喚起國粹思想，伊勢神宮等之神社崇拜亦特盛起來。乘此氣運，真言宗徒之中，已生出神佛習合思想之高調。此予以教理的而組織，以伊勢之內外宮，如次作胎金兩部之曼荼羅，所謂大成了兩部神道，將密教予以國粹化，大眾化，不忘更生於各方面。

如斯於鎌倉時代之新興宗教的禪，淨土、律、日蓮等與既存宗教共榮，此等或在某點互相融合之，協調者乃自然之事。殊乃富於包容力的真言密教起了協調運動都是不待言的事，其高野山東別所開了三昧院，如傾慕念佛三昧之明遍上人，與八人之道心，或在高野山之新別所構成念佛之結社，後立東大寺再興之大願，遣門人六十餘人於日本六十餘州，勸進念佛。所謂如開了勸進念佛一派之俊乘房重源，都是真言宗之僧侶。他能覺醒其時代，攝取了法然上人之念佛法門於密教，成為一派，又高野山正智院之道範對此見地著有《秘密念佛鈔》三卷，完全是此思想運動之反映無疑。

更又榮西禪師之高足的行男依鎌倉二位禪尼政子之本願於高野山開金剛三昧院，寄進了十五箇之庄園，十餘萬石之寺領，依之養了三千之學徒云者，皆是禪密一致之見地而出發。又一山之眾徒能善包容攝取的結果。

無論如何高野山之眾徒都有「來者不逐」的寬容態度之堅持修養故，法然、親鸞之二上人是勿論，極排他的日蓮上人都往來於高野山云。其他如熊谷生房、瀧口入道為始，遊行上人等的念佛行者都往來於高野山，此等之念佛行者，後混一而成所謂「高野黨」，彼等以此高野山為背景遍歷諸國而負笈叩鉦鼓，稱名念佛之一方，鼓吹宣傳高野山之威靈，說大師之信仰波及遠近。遂而於高野山納骨建碑，成為荐福父母親戚，祖先之靈的風習，以靈山而成天下之總菩提所而砌起高野山。

第二十一章 真言教學之發展

第二十一章　真言教學之發展

我大師之宗教是行與理解之二方相補相扶成為一體，沒有帶行之單方理解是不過空理空論而已，不帶理解之單方之行，謂之邪行決定不能悟道。

大師之當時，南都之六宗都馳於空理空論，有忘記宗教之立場的傾向，大師都強調行的方面，並非否定講經談義，不如自進有機會而實施者也。

然大師以後，以大師之宗教為單之除災招福之妙術，只依其事而得現益，過於現實的物慾的而因於社會之要求，遂而沒頭於加持祈禱之形式宗教了。

此到平安朝之後期，入於院政時代，漸次失去生命之修法或祈禱，而沒有興趣之者多出，無論如何都需要理解密教之精神內容要求遂而濃厚起來，對於修法祈禱之事相之反面之教相教義之理解熱度漸高。

當處此事相或教相之語，果是何時才對立的而使用者，雖無判然之分曉，但可以明白，最少大師及其弟子之時代可能沒有對立而使用者。依宥快之《西院八結聞書》看，御室之性信親王以事相配身密，悉曇配語密，教相配意密，以大師之宗教分為事相，悉曇與教相三分，以此見之以事相教相二分者，大概在性信親王至明算大德之間起初的樣子。

遂而信證、實範、重譽等出世，為鮮明其密教精神內容上撰其根本經典之《大日經》有關之著述，大為密教之理解而邁進，為教學揚起其中心氣勢，密教宗徒之中有罵其學人不知密教精神內容而因於修法之形式者為事相家之無智，遂而事相家與教相家之間成了對立觀念，當處覺鑁上人即以「事相之行者加教相顯露之難，教相學者致以事相無智之難，一偏即為邪執，二者必兼之」而切言之。

如此大師當時之行學一如，事教不二之密教，終於分為事相與教相二分，事相即辿其事相特有之道，更為分派發展，教相又入於鎌倉時代，漸漸發揮其本領，於此時代對於禪、淨土、日蓮等之新興佛教之對立，及維持自己之立場上而言，對自己信奉之真言宗是何物，甚麼點為他教所不能見之特質，有如何之特殊性，亦漸為其深深反省之處其結果對密教經論或祖師撰述都成為講說談義來了。

此又是何故者，真言宗之本質內容，已經依我大師所組織而大成，此即成為幾多之撰述而發表，其所依之密教經論與大師之撰述，依之如實地解釋理會亦就能真正把握其本質內容之看法故也。

對此之解釋或講說，不得徒流於獨斷，亦不得輕率態度的嚴格上，要解釋其一句一章都要正於字義，追尋本據，恐為落於自己之獨斷，應引用祖師先德之釋義以證之，其結果所謂墮於訓詁之學，缺其生氣，過度囚於細目，有逸大局之嫌在所難免，但對於如實地正知理解真言宗之本質的真誠態度是可掬無憾了。

如斯此教相教義之學之發展，入於鎌倉時代，於高野山初結其實，以蓮華乘院（今之大會堂）為其教學道場之法談所，有大傳法院，勸學院，種種機關齊備，立於其收容之先頭來領導而育成之指導者亦不少，殊為南勝房覺海最優秀。覺海是康治元年，即覺鑁上人永寂之前年，生於但馬國養父郡長野村，幼而入於醍醐三寶院定海室出家，磨其學德後，成為但馬建屋之興光寺學頭，四十歲項登高野山，隨大樂院第二世，嚴密房寬秀究學事教二相，建保五年為高野山第三十七世之檢校，此覺海之門下有四哲，以法性、道範、尚祚、真辨之四人最知於世，其四哲中法性、道範特別有名。

有與道範同在覺海處受學的櫻池院惠深之門下，有三藏院之覺和，十輪院真辨有大樂院之信日，其信日之弟子有信堅與玄海，此覺和、信日、信堅、玄海之四哲合前之覺海門下四哲為高野山八傑。

此外汲覺鑁上人之流高野山大傳法院之學匠，即有蓮華院之俊晴，華遊院之會慶，有稱謂組織新義真言教義的中性院之賴瑜。

於此時代之研學方法，即以正當之四聲訓讀本書，而談此義為主，後請來在南部所行之論義方法，實行了御最勝講論義與稚兒論義。

無論如何都以京都之仁和寺或醍醐一山為事相之本山為重心而於這時代之高野山為教相之本山，是其他無法追隨的盛況。

第二十二章 根來學園之獨立

第二十二章 根來學園之獨立

覺鑁上人於高野山建大傳法院，教養了幾多之學徒，終於買來在來之高野山金剛峰寺方之反感，保延六年上人遂離去高野山，隱棲於紀州根來之地，跟上人之隨從學徒，一時雖與上人移於根來，上人死後再度歸來高野山，再興大傳法院，組織由來於上人的學園。

此大約有一百四十年之間，金剛峰寺方與大傳法院方相並學從，繼續講經談義，但兩學園之軋轢依然不解，恆及多年事事之紛爭加紛爭。當處，正應元年大傳法院之學頭賴瑜即帶其學徒移住於覺鑁上人之隱棲地根來，於此形成獨立之學園，對立於在來之高野山。

如斯學園分為高野與根來，相對立之結果，學說上各各立異相對，高野之學園即以本地身說，根來即以加持身說為其本領。

此本地身說或加持身說是關於真言宗之教主問題，是甚麼佛說真言密教，能說之佛是如何之物，的論點。

依代表印度密教之覺密所說，是歷史上之釋尊與永劫佛之大日如來合一時的境地，即住於等正覺身所說謂真言密教。

此於代表中國密教之一行即以天台家之本門佛，並迹門佛之思想為背景，以說真言密教之佛是超越歷史之永劫佛之本地佛，但都無法教化住於歷史中之有限的一般人，故其本地身以加持神力示現迹門之加持身，這乃是歷史上之釋尊，即永劫佛之本地身加持住於歷史上之釋尊所說即真言密教，中國之覺苑並台密諸家都住以此為立場，主張其教主論。

但代表日本密教之弘法大師之説，真言教主是永劫佛的本地身，即大日如來，其與歷史之上釋迦是別體，不可混同，此歷史上之釋尊是六年苦行後，感見了此本地佛之大日如來而合一遂而示現成道，但此乃屬數千年前之過去事，現今都沒有此佛，然密教之教主之本地身之大日如來是現在活生生的永劫佛，現在佛，示現種種身，說種種法，勿論以肉身之耳目是不能見聞的，但以心住一境之三摩地的方法是無時無處都可以見聞的，以此心之耳目之所映上而言，以宇宙之動態當體即是本地身之大日如來之姿，亦是在說法。至少真言行者須讀此宇宙神秘之法爾經典，非常接與此永劫佛不可。如以隨緣之文字章句所記述之普通一般之經典不過是第二次的東西。

依此可以明白，弘法大師所開創之日本密教之教主論是有比印度密教，中國密教以上更發展，具有深遠之教義為基本的。

然在覺鑁上人以後，於高野山有二學園對立，對一行之《大日經疏》之研究暫盛，而基於加持身説的主張次第而多。其信奉者有十輪院之真辨或南院之隆惠等，此並非起初於根來學園，但因根來學園之指導者之賴瑜之學説都是加持身説故，根來學園即以此為基本，高野學園是基於大師之傳統主張本地身説。

依賴瑜所説，真言教主即如大師所指示，是貫三世之永劫佛，而有自證與化他兩方面，自證之方面即超越視聽的冷煖自知之境地故無説法，化他之方面即其本地身以神變力加持示現，起初才有説法，即是加持身説了真言密教，依賴瑜之加持身者即非歷史上之釋尊，不過是指永劫佛的大日如來之化他的一面，故與大師之見解沒有矛盾，此即調和統一中國密教與日本密教，或云一行與大師之兩説。

繼承此賴瑜之加持身説而予於大成者即是確立了根來教學基礎之聖憲，聖憲是根嶺先德，亦稱加持門之先德，賴瑜滅後四年生於和泉國，以賴瑜撰定之論義條目的《大日經疏》及依《釋論》的三千條目，過於廣汎之失故，予以簡明地著有《大疏百條第三重》，《釋論百條第三重》，供初學者之便，此即成為根來學徒之必須手鏡。

第二十三章 醍醐一山之隆昌

第二十三章 醍醐一山之隆昌

由聖寶開創之醍醐寺，依醍醐、朱雀、村上三帝之庇護而成其大，於鑄造鴻鐘時與賜姓之源氏相謀，醵出其什用，由其因緣遂而源氏與醍醐寺的關係成了緊密起來，恰如藤原氏之與南都興福寺一樣，醍醐寺即被視為「源氏之氏寺」。永久三年依鳥羽天皇之叡信，建立了三寶院，始自勝覺，其後襲之定海、元海、明海、實運等，都是出自源氏之顯官，為醍醐寺之座主，大為一山之興隆而出力，如源之賴朝，以大江廣元之舍弟的醍醐蓮藏院之季嚴，為源氏之氏寺之京都六條之八幡宮之刷當等，於陰於陽援護此寺，其結果醍醐一山入於鎌倉時代漸漸發展，極繁盛其法流。入於吉野朝，醍醐之勢力自然分作二大派，完全是大覺寺統與持明院統，或云吉野朝與室町幕府之對立，其代表者即文觀與賢俊也。

文觀是弘真或稱小野僧正，一方恰如天魔波旬而被罵，一方亦被視為文殊觀音之再來而欣仰。都是當時的教界之一怪傑。初為天台之教徒，居於播州之法華山，中間移於同州賀西之北條寺，自此遊於南都學律，更於醍醐報恩院師事於道順受法灌頂的人，時常修多支尼天法而有奏其效云。

時後醍醐天皇，憤慨北條氏之專橫，暗將除之，而託中宮之懷妊為藉，勅文觀行降伏「高時」之秘法，此終被發覺，文觀即被流於硫黃島，後來高時被誅伏，文觀即歸還京都而恣帝之寵遇，遂而為醍醐寺第六十四代之座主，建武二年三月補任為東寺第一長者，果然被高野山金剛峰寺之大眾一致同盟，奏請停止文觀之長者職，帝因對此大眾之強訴不能如何，遂停文觀之長者職，但不為此，信任少許都不衰，而文觀於同年十一月，為天下泰平於東寺講堂修仁王經法，同三年正月，勤於後七日之御修法。

但於建武中興之事業共挫折，其修法之勤仕亦僅三天而停，扈從天皇走於叡山。對於天皇行幸於叡山成為吉野遷御，延元四年其行宮崩，文觀以醍醐為策源地不忘為吉野朝之奉仕，正平六年公武之和議成立，吉野朝之後村上天皇還幸於京都，文觀即其十一月為建武以來之相續的意義下還補為東寺長者，公武之和議再決裂的同時，侍鸞輿到吉野之行宮，遂移以河內之天野山金剛寺，大作吉野朝復興之夢，正平十二年十月九日，八十歲寂於天野往生院。

此文觀得到後醍醐天皇之寵遇，為吉野盡其忠誠，相對有三寶院之賢俊參於足利尊氏之帷幕，對其室町幕府盡其活動亦是極其興味之事。

此先於醍醐寺之賢俊一派，因文觀特為大覺寺統之後醍醐天皇之庇護而嫉視，抱了不少之不平待乘機會以狙之，時又反對源氏之苗裔足利尊氏，建武三年正月，帶軍入京交戰二旬而敗，不得已沒落於九州。於尊氏相知交之三寶院賢俊隨從此，秘密的仰其持明院之光嚴院院宣，請了錦旗進於尊氏，尊氏依此糾合九州西國之兵士，其五月捲土重來京師開設了室町幕府。其功績算賢俊為居第一，將軍尊氏信用此賢俊極厚，其六月，補彼為權僧正，任醍醐寺第六十五代之座主，同十二月東寺第二長者而兼根來寺之座主，更於曆應三年任東寺之第一長者，同五年經法務而補大僧正。尊氏以源氏之氏寺而寄附醍醐一山食邑六萬石，再興其伽藍，不但如此於京都梨樹町造營新三寶院，殿閣重塀，苑如城廓。

吉野朝與室町幕府之對立五十餘年，明德三年遂講和，但政治之實權成為足利氏之掌握，再形成武家之天下。同此足利氏之深有關係的三寶院暫暫有利於發展，殊而滿濟襲及三寶院門跡，三寶院門跡之地位淩駕於他之諸院家，發揮了教界第一權威。

此滿濟又稱法身院准后，權大納言藤原師冬之子，永和四年三月生，後為足利義滿之猶子，入大僧正賢俊之室而得度，應永二年十八歲補為醍醐寺座主，定濟以來分離之三寶院之門跡相承與法流相承綜合之，自以相承此，同十六年三月三十二歲早已成為大僧正准三后，其七月成為東寺長者。

不但成為教界之權威者，足利義持之薨後，與諸將共擁立義教，以其護持僧而親近，為幕府之樞機而言，作為其顧問獻策之處很多，其賢俊為裏面人而參劃政局，反之滿濟以將軍家之姻戚而公然參與，呈現黑衣宰相之觀。此滿濟之地位現示無雙之顯要，以致醍醐寺之寺領亦莫大地增加，相待於豐富財與權勢壓倒朝野，恣名謂將軍門跡云。

對此滿濟而接來襲其三寶院門跡者有義賢，義賢是足利義持之猶子，恆及政教二界，威勢無比，醍醐一山，特以三寶院即賢俊以來至於滿濟，義賢完全現出黃金時代。

第二十四章　醍醐之不二門教學

以真言密教之教學，以為不過是單於經論章疏之註釋或止於解釋者，如斯之教學完全於醍醐一山不取，但此等之經論章疏之理解與味得，同時把握其根本義，予以綜合組織之，才名之為教學的見解上，醍醐一山亦有完整的教學在。此載於翰墨者雖然極少，但有一宗大事或密宗源底，或云口傳法門，師資面授來者，有勝賢之口說成賢記述之《纂元面授》、或成賢之口說憲深記之《宗骨鈔》。

今一瞥其《纂元面授》之內容，即云：我人之見聞的世界之一事一物，都是對立呈不完全相，但此即見法與取扱方法不好所致，若開心眼去徹見其本質時，皆悉超越了對立而是絕對的無限圓滿者也。亦所謂是大日靈體之顯現相，所為以本覺思想為基本，去直見此有限之事物，依之才能悟了無限絕對之真實相而強調之，即我人本來是無限絕對之佛，而迷之不知實相，為此囚於有限之世界，以心外求法、自迷自煩，故自己內省，如實了知自之實相，同時以此悟之光明來淨化心外之世界予以無限化，自己非以佛而開展其生活不可，既是自己即佛，即此世界之外別無佛國，以自覺為基本，自為佛故，非如佛之行為不可，此世界外無佛國故，非於此土建設佛國不可，完全以理想為背景，背負了光明，理想化其一切予以清淨化，此為密教獨特之修養法。

如斯，《纂元面授》之強調思想，乃以佛為真正我之生，同時超越了生與死，過去未來之對立，生於常恆之現在故，稱之謂常恆現在主義，從而不容其希求未來淨土之往生思想為多。

於此以常恆之現在主義為立場之醍醐教學，至平安朝之中期以後，如何來取扱其，支配很多人心之淨土思想者，於此有少許之觀察的必要。

幸而其為成賢口，憲深記之《宗骨鈔》，「流來之生死大事」以自家之立場而以問答體來說明者，即，「真言行者於生死二位如何安心、怎樣離其生死」來提起問題，真言行者是生於常恆之現在故，此命終生於何處的念頭不必有，我即佛的信念上而生的以上，自不念生與死，只有佛作佛業，以他之眾生之利益為念而已，勿論有此信仰而生，都是難免自然之生死，但此是遍法界之活動，不過是其進展，何時去、何時行，心眼所照之處，十法界悉是佛界，有甚麼世界可壓，不但如此只壓生死而欣涅槃者乃初心始行之未練之行者云。思之此我與佛為一體，與眾生界為一如，超克了凡有對立之醍醐之不二門教學是成賢，憲深之時代成立，實深、覺雅、憲淳、道順等次第相承。

嘉元三年四月十四日至二十九日，龜山法皇集了廣澤方之實緣、實叡與醍醐方之道順於常葉井殿，談論真言之宗義時，廣澤方之實緣以為修因行後始得佛果為基調而述真言教義，對之道順排此，謂此非密教之本旨，又非醍醐之教學，「實緣所言之處有法爾與隨緣二門」相隔故，不過以遮情除迷之一途，此乃為多嫌之處，總之法爾即是隨緣，隨緣當體即是法爾，言法爾言隨緣乃不外是一物之兩義云。又「談法然之成覺者乃醍醐一同之教學，對治迷情之主張乃只是實緣之臆斷，總之自宗行法之規則是起初要令知我身即是金剛薩埵，或令知己體即是大日如來」等云。

但此不二法門之教學是一種劇藥，若巧用之即所有難病無不治，若誤用而取扱，不得其入，即所謂「誇以表德」之學弊，從而成為如立川流的邪流之可能性有帶多分在。

更於此醍醐之教學，不能看過之處，即理智事之三點說，此三點說最強調者即靜林寺之靜遍，靜遍是師事醍醐之勝賢學，其勝賢之弟子之成賢，互為師資而授受秘法密軌之人，從而此三點說是醍醐之教學之淵源是不待言的。

此理、智、事之三點說是，言法爾之理，或云智，應具體的成為不二之事點時，起初其處才有活用，即不外是不二門教學者，繼承此靜遍之三點說即高野山之道範與醍醐金剛王院之實賢，實賢汲此法流，出了槙尾山流一派，又如成東寺教學之基盤的自性上人，我寶都盛為主唱此三點說，以此應用於不動與降三世與大日之上，或金大日與胎大日與釋迦之上，其他如道場觀之自心佛與召請佛與冥會佛之上，波及各方面而用之。

第二十五章 東寺教學之興替

第二十五章　東寺教學之興替

自性上人，我寶初住鎌倉佐佐目谷之遺身院成賴助之付法，遂登高野山住於千手院谷之定光院，又是開創西院谷之自性院之人，後依後宇多法皇之叡旨，移住於洛西之槇尾山寺成其中興、應長二年二月二十一日起至二十七日，七日間於東寺西之院之御影堂與鎮守八幡宮講《般若心經秘鍵》，此謂東寺講學之中興。

有此事以後四年，即正和四年，自性上人之入室的賴寶三十七歲而作東寺之學頭，並補為其供僧，此賴寶之傳歷不甚清楚，但以自性上人我寶為師主，於鎌倉之佐佐目谷得度，隨師登高野山，接一心院谷之金光院之第四世繼朝瑜為第五世，此朝瑜是朝助之付法，賴寶之師主，與我寶是同門之人故，其師主受我寶之推舉補為東寺之學頭後，往來於高野山之金光院與京都東京之西之院之間，其間著有《釋論勘註》二十四卷等，由此賴寶開拓之東寺教學，到大成為止之領導者即其後繼接之杲寶與賢寶。

杲寶初名稱弘基，幼時入於東寺，寶莊嚴院賴寶之室，十八歲至二十歲於高野山一心院谷之經智房筆寫種種鈔疏聞書，孜孜勉學而專心，依東寺之金剛藏之杲寶所寫之奧批本等就可以明白。

此高野山一心院是建久時行勝上人之所開基，以《妙法蓮華經》之經題配五智，妙智房、法智房、蓮智房、華智房、經智房之五房，妙法蓮華之四方已經廢滅，只存有經智房，此經智房名稱謂一心院，後其為谷之名故，杲寶於其書之奧批云「一心院經智房」者，大概是其師主，賴寶所住之金光院。

思之杲寶壯年時代於金光院學究宗學後，更隨生駒山竹林寺之性心學事教二相，貞和二年二月八日依勸修寺慈尊院之榮海受傳法灌頂，同四年三月成為東寺勸學會之學頭，延文四年二月，雖受補為大覺寺之教王常住院學頭而固辭不受，後，創建塔中之觀智院大張法筵，康安二年七月七日寂於東山之八阪、吉祥園院。

此杲寶是根來之賴瑜、高野之宥快，長覺並稱的學匠，其著書廣為事相與教相與史傳，所論極明快而窮其宗之奧義，為後代學徒之所尊重。

此杲寶之弟子有賴寶、杲寶之著書，遺補其註釋類而整理而大成者完全是賢寶之力。

賢寶十四歲入於杲寶之室，隨侍受學及於十七年，延文四年十月，二十七歲受杲寶之傳法灌頂，其畢生事業乃專念於先師、賴寶、杲寶之未完之著書之大成。依其《大日經疏演奧鈔》第五十六卷之奧書都可見其一斑。

即依其奧書云「在乃依祖師賴寶法印之勘註，全部數卷，拭老眼繕寫而功終，少少加了他筆，定免有誤，為此而糺之也，書寫隨筆處處追加了私之勘文等，法印權大僧都賢寶生年五十六」，加其奧書於寶永五年靈雲寺之慧光記云：「賢寶此受學之，為此筆削，自延文元年七月十有八日起，終於應永五年五月五日，通計四十三年也。言其勤，嗚呼古人為法而乾乾豈不仰止者」，可智其貢獻實甚大者也。

以上之賴寶、杲寶、賢寶為東寺三寶，此師資三人之力，依之自然至成為東寺之教學一派。於大體上其學風乃繼承醍醐而來，如古來、醍醐、東寺之教學以不二門教學稱之，完全以不二絕對之光明來照破有限之事物，以此將現實之一事一物予以精神化、無限化為主眼者。

但東寺於延元元年，在公武對立之初，其六月十四日，足利氏糺陣於此，恣而奉光嚴上皇，並豐仁親王以此東寺為皇居宛，其八月十五日，遂而豐仁親王加其首服，於此東寺踐祚，此奉稱為光明院，更投吉野軍之足利直冬，正平十年正月，帶其軍勢來佔領東寺，其三月十二日幕府軍，迫進東寺，直冬之軍破，十三日尊氏再入東寺，東寺完全被此等之軍兵足下蹂躪，寺門荒廢，寺僧悉皆避難於高雄山。

第二十五章　東寺教學之興替

為此，後宇多法皇再興以來，相續之東寺之二季傳法會亦不得已而中絕，如於其傳法會之杲寶二教論談義，在其「聞書」第八之奧批云「此書之談義，依鬥亂而置畢乃無念也」，如是於正平九年十一月談義半途而中止，爾來於東寺完全絕了談義學道之命脈了。

第二十六章　南山教學之大成

第二十六章　南山教學之大成

高野山如東寺，雖無直接被戰塵所傷，因其地隣接於吉野故，時常遇武用之勅催，大眾帶動諸庄之武士應此，而向學寃亦不少，且為戰亂而領所之年貢不納亦多，被此世之騷亂所禍，高野一山之長日談義亦自然廢絕了。

其明德三年於公武之間，和義終結，世中漸穩，至少招來七十年之太平，學眾自然以本氣而學道，於此呈現了教學隆昌之機運。

時常於高野山之宥快，長覺之二學匠並出，一在寶性院張了教線、一在無量壽院教養子弟，南山教學分為二派，互爭蘭菊之美，於此大成了不二門與而二門之二種教學，此稱謂「應永之大成」云。此南山教學之宥快與長覺，都是釋迦南院賢重之學徒，同一門弟的關係，但一是屬法性之學系而大成而二門之教學、一是道範學系所屬，宣揚不二門，依之分成二派對立。

長覺字謂本智房，後村上天皇之興國元年生於出羽之羽黑山之麓，比宥快多六歲之年長者，十一歲時，為州之湯殿山長宣之弟子，十五歲時長宣遷化，正平十一年十七歲登高野山為東禪院室下之學僧隨釋迦南院之賢重、無量壽院之賴圓、東禪院之義宣等學宗學，悉曇等八年，正平十九年志於巡錫諸國，先至關東、謁相州鎌倉之俊譽，依俊譽而受西之院，元瑜方之事相，為其正嫡，此後運步於越後，住於蒲原郡之長福寺開講筵，文中之初年三十三歲歸高野山，繼義宣之後董其東禪院，弘和二年四十三歲於東禪院傳授悉曇之時，如宥快亦來加入其受者之一人。應永十年長覺六十四歲賴圓寂，依其遺囑為無量壽院之門主，教養來集之學徒於不二門教學而繁榮終於大成，應永二十三年十一月十四日七十七歲知其將臨終，集弟子於一堂而訓誡云「我不願往生佛國土、再來生此人間導其迷的人們」，而其翌十五日晏然遷化。

此長覺之遺訓之所謂「我不願往生佛國土」者完全依醍醐之憲深其《宗骨鈔》所言，無論換其不同境界，只厭生死，欣慕涅槃者，乃初心始行之未練行者也之處完全合致，又於南山教學之基盤的覺海法橋之「法語」：靜思之時，不思生為何死為何，只以靜心者，身為龍、夜叉等亦不覺有苦，云而其揆為一者，此只開心眼即能見佛國，肉身即得成佛為基調，即真言行者自然到達之歸結。此安心乃以絕對不二之光明去照破有限之一事一物，即於有限中實現無限生活之不二門之精華。

此成佛之理想對於投影於遠方前途而無限修行，疲倦人心餘地之佛教諸宗而言，具有宣傳密教獨特之立場，其第一發展者即此絕對為本之不二門教學。在高野山覺海門下之法性之而二門教學之建設雖大為努力，都被道範之不二門教學壓倒，不能張展枝葉，無論其醍醐教學，根來教學、東寺教學，此不二門教學外無之。但此不二門之缺點者，不善即成為陶醉，或隨涅「表德」，不知自己之淨化向上，或往往墮於如立川流之邪教，現高野山為此不二門教學之發達而如立川流之邪教潛入，流了幾多毒害，當處不忍其教弊而默視，斷然起而掃蕩邪教，繼其萎靡不振之法性後，大成了而二門教學之大成者，即是宥快。

宥快字賢榮，興國六年生於京都，幼而失母，正平十六年十七歲時，耳聞親緣之榮智上人，在常陸國佐竹之里，佐久山寺大飄密教法幢而慕其德風，越越自京都來投其室下。

上人初不知賢榮，一日修屬星供時忽然看見壇上顯現一行禪師之姿，起了奇異之想，其翌日遇賢榮來尋，暫觀其容貌，完全於壇上所現影之一行無異，於此為據於大唐大莊嚴寺一行影現的靈瑞，遂而為賢榮得度，改為瑞嚴，始自加行灌頂授與一通完全之密教教學。上人伴此瑞嚴登於高野山，託於舊師寶性院快成，但快成既入老境，令其師事於其法資信弘學頭，改名為性嚴房宥快而究盡真言教學之蘊奧。

宥快孜孜不怠於學業，文中三年三十歲時遇信弘之遷化，依其遺囑而董寶性院，其翌三十一歲始著《寶鏡鈔》，當時破斥高野山所蔓延之立川流邪說，發揮正純密教之真精神，鮮明了「而二門」教學之旗幟。

應永以來對於學徒之教養無餘念，其十三年將寶性院讓於弟子成雄，時六十二歲自己隱退於善集院，益加發揚而二門教學，應永二十三年七月十七日七十二歲寂於善集院。宥快之而二門亦與其不二門教學相同，完全不離其絕對為本之密教立場，但此其不二門教學於絕對中認其有差別而尚以絕對為不二平等視之傾向，對此而二門教學於差別中認其絕對，於差別世之一事一物都生於各各之自己特性，更於各各具有其全宇宙而無盡絕對，但此而二門與不二門之二種教學並非二者完全相反，可以說應兩者相待起初才能鮮明此我教學之全貌。

宣揚不二門教學之長覺有長譽、長任、長學、勝義、覺順等高弟，而二門教學的大成人宥快亦有宥信、成雄、快全、快雅、快尊之學匠秀才，誰都是一方之將的學匠故，此等之學匠下，兩分了滿山三千之學徒，以寶性院為中心之而二門派與無量壽院為中心之不二門學派，此寶門，壽門各各發揮其自己特色，兢其學業之結果，於高野山完全現出教學之黃金時代。

特於應永十三年，寶門方之快全與壽門方之長譽遊學於南都興福寺，研究法華、維摩之二會的竪義之法式，移此於高野山，其翌十四年五月三日始行於壇上之山王院以來日而盛行其論義問講，同時寶門、壽門之學徒，各自換其名目，變其論式而專心地放其異彩，其結果於讀同一文句之場合，如寶門是能所與清，壽門是能所與濁，又寶門是掩（暗）留修行讀之，壽門是讀撩（演）留修行，對於末瑣之事亦出了異色，其兩門合併之寶壽院，至於今日漸次地消除異見不留其餘香了。

第二十七章 真言宗之衰弊

第二十七章 真言宗之衰弊

吉野、室町之公武和義成立以來，七十餘年間浴於太平之恩澤，於醍醐、於根來、於高野之教學極其隆昌的真言宗教團，再遇應仁、文明之兵亂之禍，至現出群雄割據之戰國時代，完全止於辿其萎靡衰頹之道程，特在京洛之巷為中心的應仁、文明之大亂，前後延及十一年間之久故，其慘害波及極廣，始自禁裡御所，名山靈刹，不無受其兵火變成焦土，可謂王法佛法都一時壞滅，那有真言宗獨免之理。

暫以之為京都諸山來考之，於此廣大地域並甍，如連其兢盛榮之御室仁和寺亦蒙受其兵火，殿堂坊舍盡歸灰燼。僅數個之小院亦移於雙岡第二丘之西麓，不過暫統理法務而已。又如足利幕府之氏寺，勢力無比的醍醐一山，亦於文明二年七月為大內政弘之兵攻略，只殘存天曆之吊古的五重大塔，山內之堂悉遇災厄，金堂、三昧堂、御影堂、清瀧宮、長尾宮、三寶院、金剛輪院、金剛王院、報恩院、理性院等之諸院家，悉歸烏有。

如幸免兵火之東寺，為文明十八年九月十一日土民之一揆，伽藍之大部份被燒卻，西之院、千手堂、校倉等不過僅留孤影而已，無論怎樣遭遇此等之災厄的真言教團之諸大寺，遂次第荒廢於戰亂一百有餘年之久，不見復興之曙光荒廢而加荒廢而致此。

而此世已化為戰亂之巷故，掠奪兼併橫行，軍卒亂入寺內破壞堂宇，橫奪寺領，政府無力制止，只有武力以自衛外沒有其他途徑。因無此武力，御室仁和寺，醍醐一山或東寺教王護國寺，皆同等地受其災厄，當處高野山及根來山都以自衛上養了僧兵。

真言宗之僧兵完全是行人之變形，於高野山、根來山有學道研究為專業之學侶外，亦有香華餉米為主之行人，自古就有之，此等之行人為時勢所迫亦為寺領、貢賦、出納等之經濟方面全力，從而於自衛上，自以手持干戈指揮莊兵，所謂成了僧兵，其勢所趣，不覺之間，至於取用暴力攻略四隣，掠奪他領，一時根來山變成七十萬石，高野山變成百萬石之領。

特在根來山，岩屋坊及閼伽井房等之行人張在一山，此等之行人作一方之旗頭，或抗信長，或為家康之方，處處生起戰事，織田信長之歿後，家康與秀吉東西爭霸，家暗使根來及雜賀，太田諸黨，令窺秀吉，秀吉聞此於耳，自己先立進兵於東國，令秀吉歸依之僧高野山之木食上人應其為使到根來，為與於二萬石之故，令其返還徒眾攻掠之土地，以令誓其服從之諭，但其行人恃其自己武力而不應，且襲其應其上人之宿所的暴舉亦敢為之，於此秀吉決意自提大軍，一氣包圍根來山，遂而攻落，除大傳法院並大塔，其他如圓明寺、密嚴院等之院宇，堂舍二千七百有餘，悉皆燒拂不留，此實為天正十三年三月廿一日之事，自覺鑁上人隱棲此地以來，四百四十五年，中性院賴瑜移大傳法院於此當二百九十八年，根來教學於此終以滅亡了。

攻此根來之秀吉，乘勢擬征服高野山，其四月七日先以細川新助為使者，以返還所押領地，捨武具專為佛事，不召抱惡逆人之示其三箇條文，嚴重地迫其諾否之答覆，一山之眾議難決，被應其上人說得，以根來之滅亡為眼前之眾徒，亦意屈而歸順，木食應其自己與南院之宥全，遍照尊院之快言，到秀吉之陣中披瀝其赤誠，應秀吉之要求故得了一山無事。

救了高野山之累卵之危險的木食上人應其，原為江州之武士，初仕於佐佐木氏，佐佐木氏歿落後，仕於越智氏，越智氏又歿落之時，漸覺人生之不足賴，天正三年三月三十七歲來高野山得度，穿了草衣，食其松實，苦修練行凡十三年，人稱謂木食上人云。

秀吉之高野山討伐的斷念，主要乃依上人之說得，此事天正十四年七月廿八日，秀吉先前令使節坐鎮於金剛峰寺控於左右諸大名「云高野之能立之所以者只有此木食上人一人，不可以謂高野之木食，即是木食之高野」，而揚言之而得窺見者也。

上人不但為高野傾其全力，或為京都大佛殿造營工事之監督，或造營了嵯峨之釋迦堂、東寺、醍醐、石山、清水長谷宇治等諸堂塔，到處留了很多功績。

天正十八年應其上人自建一宇於高野山，秀吉寄附一千石，由後成天皇下賜興山寺之勅額，所以亦稱謂應其為興山上人，以此應其上人衷心而歸依之秀吉，天正十九年十月二十二日以片桐市正，早川主馬頭之二人為使者，與以高野山一萬一千石之朱印，其翌文祿元年八月四日，為悲母追福更追加增一萬石，合計二萬一千石之寺領給與高野山，同時於大傳法院之舊地建剃髮寺，後，改稱為青嚴寺，此即現今高野山之金剛峰寺真言宗之總本山。

如斯依興山上人之力雖只高野山免於兵火之災厄，概觀之於戰國時代之真言宗，皆悉轉落壞滅之狀態，其伽藍都任兵士之蹂躪，教學沉滯，無人顧及者也。而於中有高野山無量光院之印融，垂化於關東，住於武州島山之三會寺，被仰為弘法大師之再來，留了幾多之著書到今日，如此完全可以說是種異數者也。

第二十八章　真言宗之復興

第二十八章　真言宗之復興

不但罹了文明以來之兵火，真言宗之京都諸山不但荒廢天正十三年依秀吉而根來一山被燒化，僅存高野山免其滅亡，可是百萬石之寺領亦減少至二萬一千石，漸對滿山之大眾生活起來大搖動，受此際遇逆運之真言宗，無論怎樣都要打破此難關無用甚麼新方途來開拓以上會孕成宗團之崩壞危機。

幸而秀吉之對真言宗態度，並非徒以破壞為目的，不過是對此宗徒僧眾之忘去自己本分，馳於權勢過忱驕奢，佛道外恣於惡道，且妨害政道之為概，為還其純然佛道本來之面目的企圖而已，且繼秀吉之後之德川家康亦以天下治平要道而盡力於文教之興隆，對於真言宗團之昂揚亦與以全幅之支援故，真言宗漸漸復興而認得其曙光了。

即文祿三年，秀吉帶了諸大名參詣高野山時見到腐朽之大塔，全堂其二十五棟之堂塔與於修復，更以其同年寄進寺領建立五重大塔等，又慶長三年三月，於京都盛張花見之大宴的同時再興了醍醐一山之伽藍，次入德川時代，寬永年間，幕府寄進了黃金二十四萬兩於御室仁和寺，改修了堂塔殿舍及十餘之子院，於此仁和寺、醍醐寺、東寺即回復舊觀之概況。

又被秀吉燒亡之根來一山學眾，玄宥，專譽之兩能化，一時同逃於高野山隱於清淨心院谷，擬再樹立法幢，因高野山之眾徒不喜，專譽終歸於自己故鄉之泉州，住其國分寺。天正十五年被豐臣秀長之大和太守之迎，移住於豐山長谷寺。此長谷寺之開基極古，由天武天皇之勅願，弘福寺之道明上人於大和初瀨川邊建立一宇為始，聖武天皇之朝，德道上人於此安置二丈六尺之十一面觀音，爾來以靈場而隆盛。中世以後衰微不振，又遇戰國時代堂塔荒廢而不見其影跡。豐臣秀長及至此國為太守，深慨此靈場之荒廢，希望能高僧前來住此，又聞及泉州國分寺有專譽，豐臣秀長遂請之，於此豐山長谷寺即再放光輝，學徒雲集，天正十六年請於秀長再興其殿舍，更受秀長寄進寺領五百石，以新義真言之本山砌起其基礎。一方與專譽同於隱在高野山之玄宥，不去高野山，往醍醐，後移高雄山，又於洛北之北野造了假屋構成法席，嘗盡種種苦辛，終於其聲譽遍及都鄙，其學德之慕者漸漸來集者多，德川家康特愛玄宥之風格，慶長五年，賜與寺領三百石及咐囑豐國神社之寺院三宇。玄宥改造此為學寮及宛於講堂，盛為講肆開張，此於慶長十年，玄宥以七十七歲示寂於此。經其法資之祐宜至日譽之時，眾徒之雲集的同時寺城漸漸狹隘來，而德川家康將秀吉為棄君建立之祥雲禪寺寄進之，此改為五百頭山根來寺智積院，對立專譽之長谷寺，亦作真言新義之本山確立了寺基。

於此根來之真言學園即分為智山與豐山，此智豐兩山其後次第發展，互競興學之結果，碩學高僧一時輩出，於德川幕府之元祿前後，智山出了運敞、信盛、覺眼等學僧，豐山有亮太、卓玄、英岳等，都是一世之傑出，至於招來兩山之教學隆盛。其中智山之運敞，豐山之亮太，乃代表此時之大學匠云。

又豐山之亮賢，天和元年於江戶興起護國寺，隆光於元祿元年於神田橋外建立護持院來對立，隆光特別受沐綱吉將軍之恩寵，元祿八年將軍臨護持院時補隆光為大僧正。任真言新義之總錄司，於此隆光之威勢無比，為此將關東他派之寺院轉為新義真言者頗多，今日有其新義真言者，完全是負力於隆光之處為多。

當此時，真言宗之中亦見到正法律之興起，此正法律之元祖者，即槇尾山之明忍，概其僧風頹廢，為求戒法於中國，慶長十五年於對島病歿。高野山新別處圓通寺之良水，繼此明忍之志，於槇尾山自誓得戒，其法資之快圓，又在和泉之大鳥山神鳳寺興起律園，更及於槇尾之慈忍在河內之野中寺開創，於此世稱此槇尾山與野中寺與神鳳寺為律園之三僧房。繼而淨嚴出，元祿四年開創江戶湯島之靈雲寺於此飄揚律幢，淨嚴後，慈雲於以大成之，公稱為正法律，以河內高貴寺為其本山。

如此德川時代真言宗各方面都更新發展，此後變成硬化形式化而失去潑刺的生命。宗徒只以偷安為事而無氣力，均無甚麼活動意義之敢行者，此完全是德川幕府沒有真心信仰的純真之發動宗教政策，只基於容易制御寺院的要求上，一面與於寺領而保護，一面統御其一絲不亂，以嚴重之法令下拘束自由，以宗徒為恰如養成溫順的飼貓之結果，者也。

第二十九章 賴慶之勸學運動

第二十九章　賴慶之勸學運動

於江戶時代之初，宗門所彌漫之惡風清掃，防其無學僧之汎濫，為廢頹之學道振興而獻身的努力者乃高野山蓮華三昧院之賴慶。

賴慶是紀州有田之人，出家而遍歷諸國，對於顯密之法門無不究極，後，登高野山住於蓮華三昧院，慶長六年十一月，於阿波說破「餘宗無得道」的強調淨土宗之貞安而有令名。遍照光院之良尊深愛賴慶之器宇，附與心覺相傳之秘訣，同時附與滅後之遺囑。但有明王院之快正構事而自董遍照光院，不但如此捕賴慶監禁於谷之獄中，於其獄中賴慶每日講《阿彌陀經》，聽聞之獄吏都無不感喜，此事不久聞及駿府，召賴慶與快正於家康之前詮義的結果，快正之邪惡忽而暴露彼即誅於高野山之蛇柳之下，以賴慶為遍照光院之後董。

如是家康之信仰賴慶極厚，賴慶乘其信任之翼下，計畫真言宗團之革新，對其廢頹之學道之振興訴於家康故，慶長十四年八月二十一日，起初由台府對京都之東寺或醍醐之勸學下之朱印，對高野山即下了「金剛峰寺眾徒之坊與於佛法興隆事」等永格七箇條之法度規定。其第一條下有「建寺安僧，有御寄附者為偏持佛法者，若不知佛法者，於寺於僧完全無用，寄附御領是為誰者，受天下之公物之寺須專從公儀之掟，此次為高野山末世佛法之興隆，成此御墨之上眾徒之坊跡，譬如雖有讓狀，若破學問次第之寺法，違背上意者，須堅守墨旨，不得用我之讓狀」，等加附其說明。

此乃是於高野山學道之廢頹的同時，無學之僧徒以種種之情實，私人相續名刹寺院，犯了種種弊害之所由來者。於此以學道為基本，看其學問如何，依之設了得相續名刹寺院之制度，以之大為優待學者，奉行幕府之本多上野介正純，板倉伊賀守勝重，圓光寺元佶之連署上申入金剛峰寺眾徒中。

此法度之御墨依賴慶自己捧持歸住高野山，慶長十五年正月十日，披露於一山，其翌十一日兩門主，碩學，老分中十八人，上分學者眾二十九人連判之上，守永世御法度之旨，盡未來際不敢違背之請狀，奉行提出幕府，於此才能開了學道更新之端緒了。

更以賴慶馳使於東寺、仁和寺、大覺寺、石山、天野山金剛寺、觀心寺等，不但擬舉其勸學之實，若非學德兼備者，設掟不能入住大寺，淘汰無學僧，為此雖受一面之種種非難，以他之熱烈與勇敢之信念遂而成功，此依送醍醐之松橋院家的書狀就明白，即「近年暫及修學之退轉，拙僧等思昔，見今，歎申數年也，遂達上聞，忝成御墨，勸學者，東寺、醍醐之教學有再興之嚴命，誠為宗門之千喜萬悅，國即有道之御世也，然而無學之眾，拙僧之眾視如怨敵，訴於種種失其御判而欲破之，實感恐懼非少，但昔之摩騰，渡佛法於漢朝，受諸國道士之責，本朝之上宮亦以佛經為敵，彼是古之聖賢，此即今之凡愚也。然憎其教法相同，看看若佛天之加護無偽，何其末世而不成就者乎」云。又對無學僧之淘汰而言「雖釋尊妙法之場廣大而去五千之上慢座，迦葉結集之崛雖云深，數百之有學退所，皆立法為計也。」

今引例於隣即，三井之四箇院先年由門跡改非學之住持入關東之學者，忽而成為佛法再興之寺。叡岳二十箇之名室依去年之御掟而換替住持，高野之古跡此次成古法也。今限東寺、醍醐之眾僧，空此墨以成非學之寺者，不然是為末代，尤於對此墨判不驚，待何時，誰能重改者也更進而說其學問的重要，「山貴非高，僧有智德也，釋尊為中天竺之種也，出家後不學亦貴，然十二年採草汲水之辛苦是其後成為大沙門之尊之代價。我祖善無畏同時中天竺之王也，辭位後二十年東漂西泊。捨身遍學稱謂三藏之不空之渡天，大師之入唐，超風波之不安，傳學後非有尊號，況乎僅為粟散邊地之人臣侍士之僧，只憍慢於俗姓，並無佛道之辛苦，生來而有何貴！梅經寒苦而芳，玉由琢磨而光，勤學即豈劣於木石。又不傳佛意，妄登大阿闍梨之高座即非真之導師也」，叫之，最後附加彼之主義主張，「寺是入佛法之器物也僧是佛法之持者也，建寺者為住僧故，住僧即為持佛法也。持佛法之處只為學也，故有戒定慧三學之名也，無學即無佛法，無佛法即無僧，無僧即有寺亦無用。此故昔人先求僧而後建寺，有寺佛法翫之，有佛法人得救也，代代寄附即為此也。今人只建寺而不求僧，而形似僧而剃頭不剃三毒，染衣而不染心，雖有寺有僧，佛法行之將絕也。御法度之起即依此者」等云。

思之賴慶任自己之信念，依自己之志而敢行，如各山住持入替，實依賴慶之一言而決之，不知不覺忽而招來寇敵，其十五年四月無學而被逐之老若僧徒，忽而窮了衣食，寶性院之前官愁訴於政遍，政遍不知所以不得已帶彼等往駿府訴於公庭忡忡而情緒纏綿者，家康為其感動的樣子，遂而攻其賴慶過於專斷，爾來被在賴慶頭上之恩寵之冠，不覺移於政遍之上。

於此賴慶即不得不蟄居於伊豆之走湯山。但彼之學道更新的功績決不鮮少。此賴慶之企圖的勸學運動變成最後，以情實為主之一部首腦者之反對，不得徹其成果是遺憾的。此在《高野春秋》之著者，懷英云「由此自山他寺之格式陵夷而人法衰微，嗚呼，內魔外障之枉惑人法，不止古來獨今而有」而歎之。

第三十章　明治以後之真言宗

第三十章　明治以後之真言宗

賴慶之勸學運動中途而挫折其功不奏，江戶時代之中期以後，真言宗變成硬化形式化，徒貪惰眠而已，追而儒家或國學者們起來排擊佛教亦默默沒有反抗之氣力，如是之間入於明治維新，佛教特別是如真言宗完全直面於空前之危機。

思之明治維新之大理想是神之道，即復歸神武天皇之親政樣式故，以印度傳來之佛教為外來之物而排斥，明治元年祭政一致之布告共時計畫神佛之分離，如兩部神道或御流神道，絕對嚴禁神佛混淆，為此如具有密接關係的真言宗遂而受打擊，加之明治四年為分離政治與佛教的意義上，廢了勅願所或勅修之法會，禁止皇子皇孫之入佛門，不但如此既入佛門者令其復飾，由皇子皇孫來繼承之御室仁和寺或京都諸山之門跡寺院於此完全解消，且依寺領地保障生活之高野山或京都諸山之真言宗寺院，其寺領被政府沒收故，忽然失去生活之路，為政者之強請而相待，相繼還俗者不少，寺院完全歸於荒廢。

際會此宗難，高岡增隆，密道應、大宮覺寶、三條四乘禪、大崎行智、守野秀善、別處榮嚴、釋雲照等，東西振起，飄了密教興隆之旗幟，訴於政府，說於民眾，日夜盡瘁於宗務，結果暫得救了廢滅之真言宗。

明治五年設置教部省，公布一宗一管長制度，高野山櫻池院之密道應，始任真言宗之管長，其翌六年三月，以金剛峰寺與東寺為古義真言宗之總本山，又以智積院與長谷寺為新義真言之總本山，此四山住職交替為管長職。同八年四月，東京藝之真福寺內置真言新古合同之大教院，於各地建中教院任取締教導。

然新古之意志欠疏通，遂於十一年五月，京都之仁和寺，唐招提寺合同，組織西部真言宗，其大教院置於御室仁和寺內，及別置管長，真言宗之宗治機關即分散，東寺與高野山單稱真言宗，智山豐山稱真言宗新義派，一時變成三管長之對立。

時大崎行智，釋照雲等憂此真言宗之分離解體，奔走於政府之間結果，其十二月四日「廢其各部派管長，今為一宗一管長」之省令，其十一月開本末會議於東京靈雲寺，以大師之「御遺告」為基本，以東寺為真言一宗之總本山，於此設置法務所，東寺長者統理一宗，興學，布教，庶務之大權予以總攬之。

基於此一宗一管長制度，於明治十四年在東寺境內開設真言宗總黌，努力於宗徒之教育，其十七年八月政府廢內務省教導職，住持之任免，教師之等級進退等委任於各宗管長。其十八年開一宗本末共同會議於東京靈雲寺，定教師之等級分限等，其十九年二月以金剛峰寺、智積院、長谷寺、仁和寺、大覺寺、醍醐寺、勸修寺、隨心院、泉湧寺為東寺長者之候補寺院，又稱金剛峰寺、智積院、長谷寺為教相本山，仁和寺等之六本山呼為事相本山。更於翌年改稱東寺之總黌為事相講傳所，野澤諸流之京都諸本山主宰之，大學林分置於高野山及東京音羽之護國寺，依古義新義之學派去教養學生。

爾來此一宗一管長制度之下，統理一宗之教務，但各大本山之勢力次第而伸張，於東寺之法務所之實力被減殺，只呈了新古各大本山之會議所之觀，而至明治二十九年十二月醍醐派先唱分離獨立，高野山和之，不成主務省之認可，三十二年十月，開一宗公會，為此惹了空前之紛擾，劃一同志會與分離獨立派分辯抗爭，事後於其翌三十三年八月九日，遂成真言宗御室派、真言宗高野派、真言宗醍醐派、真言宗大覺寺派、新義真言宗智山派、新義真言宗豐山派、並真言律宗之獨立，此等被認可而別置管長，敢為自主分立了。對此劃一派的泉湧寺與勸修寺與隨心院與東寺之四本山即合同而單稱真言宗而獨立，以反抗古義派之分立本山，遂而三十四年七月各派聯合組織制度，其翌三十五年四月二十日，依主務大臣之調停，劃一派與分離派之間和義成立，再復和平狀態，而於明治四十年，解體了單稱真言宗，分為真言宗東寺派、真言宗山階派、真言宗小野派、真言宗泉湧寺派四派，後成八派，八派均持續其聯合制度。

然此古義各派為其聯合事業之布教興學等各點互有意見而衝突不和，大正十二年於高野山開了第六回聯合會議，朔於聯合制度之根本，以有改正之要旨之決議為動機，而成了各山本末會議之開催，御室、大覺寺之二派率先提議一宗一管長，為其他京都五山之不容，大正十四年九月，遂而解體聯合制度，共時雖御室與大覺寺派與高野派完全合同樹立古義真言宗，但東寺、醍醐寺、隨心院、勸修寺泉湧寺之五派即分立成了古義六派，此六派間真言宗各派締結了協約，成教師住職之互融等，又隨心院為本山之小野派是以弘法大師之誕生所之香川縣仲多度郡善通寺為本山，及改稱其派號為善通寺派。

此於昭和十六年中國事變為契機，新古之各派統合，成為純然之一真言宗，此亦不能永遠持續，日本參加第二次世界大戰，同二十年直面現實之敗戰之各各立場成為處其難局，新義與古義之分是勿論於古義之中亦有幾多重之分合至於今日者也。

附錄一：《一真法句淺説》

悟光上師《證道歌》

一真法句淺說

嗡乃曠劫獨稱尊，六大毗盧即我身，時窮三際壽無量，體合乾坤唯一人。（文）

嗡又作唵，音讀嗡，嗡即皈命句，即是皈依命根大日如來的法報化三身之意，法身是體，報身是相，化身是用，法身的體是無形之體性，報身之相是無形之相，即功能威德聚，化身即體性中之功德所顯現之現象，現象是體性功德所現，其源即是法界體性，這體性亦名如來德性，佛性，如來即理體，佛即精神，理體之德用即精神，精神即智，根本理智是一綜合體，有體必有用。現象萬物是法界體性所幻出，所以現象即實在，當相即道。宇宙萬象無一能越此，此法性自曠劫以來獨一無二的真實，故云曠劫獨稱焉。此体性的一中有六种不同的性質，有堅固性即地、地並非一味，其中還有無量無邊處堅固性的原子，綜合其堅固性假名為地。是遍法界無所不至的，故云地大。其次處於濕性的無量無邊德性名水大，處於煖性的無量無邊德性名火大，處於動性的無量無邊德性曰風大，處於容納無礙性的曰空大。森羅万象，一草一木，無論動物植物礦物是全具足此六大。此六大之總和相涉無礙的德性遍滿法界，名摩訶毘盧遮那，即是好像日光遍照宇宙一樣，翻謂大日如來。吾們的身体精神都是祂幻化出來，故云六大毘盧即我身，這毘盧即是道，道即是創造万物的原理，當然万物即是道体。道体是無始無終之靈体，沒有時間空間之分界，是沒有過去現在未來，沒有東西南北，故云時窮三陈的無量寿命者，因祂是整個宇宙為身，一切万物的新陳代謝為命，永遠在創造為祂的事業，祂是独單的不死人，祂以無量時空為身，沒有與第二者同居，是個绝对孤單的老人，故曰体合乾坤唯一人。

虛空法界我獨步，森羅万象造化根，宇宙性命元靈祖，光被十方無故新。文

祂在這無量無邊的虛空中自由活动，我是祂的大我法身位，祂容有無量無邊的六大体性，祂有無量無邊的心王心所，祂有無量無邊的万象種子，祂以蒔種，以各不同的种子與以滋潤，普照光明，使其現象所濃縮之种性與以展現成為不同的万物，用祂擁有的六大為其物体，用祂擁有的叡智精神（生其物）令各不同的万物自由生活，是祂的大慈大

悲之力、祂是万象的造化之根源、是宇宙性命的大元灵之祖，万物生從何來？即從此來、死從何去？死即歸於彼處，祂的本身是光、万物依此光而有，但此光是窮三际的無量壽光，这光常住而遍照十方，沒有新舊的差别。凡夫因執於時方，故有过去現在未来的三际、有東西南北上下的十方观念，吾人若住於虚空中，即三际十方都沒有了，物質在新陳代謝中凡夫看來有新舊交替，这好像機械的水箱依其循環，進入來為新，排出去為舊，根本其水都沒有新舊可言。依代謝而有時空，有時空而有壽命長短的观念，人們因有人法之執，故不能窺其全体，故迷於現象而常沉苦海無有出期。

・隱顕莫測神最妙、璇転日月貫古今、貪瞋煩惱我密歸、

生殺威權我自與。文

毘盧遮那法身如來的作業名羯磨力，祂從其所有的種子注予生命力，使其各類各各需要的成分發揮變成各具的德性呈現各其本誓的形体及色彩、味道、將其遺伝基因寓於種子之中，使其繁愆子孫、這源動力還是元靈祖所賜。故在一期一定的過程後而隱沒、種子由代替前代而再出現、這種推動力完全是大我靈体之羯磨力，凡夫看來的確太神奇了、太微妙了。不但造化萬物、連太空中的日月星宿亦是祂的力量所支配而運行不休息、祂這樣施與大慈悲心造宇宙萬象沒有代價、真是父母心、吾們是祂的子孫、卻不能荷負祂的使命施與大慈悲心、違逆的眾生真是辜負祂老人家的本誓的大不孝之罪。祂的大慈悲心是大貪、眾生本負祂的本誓，祂会生氣，这是祂的大瞋，但衆生還在不知不覺的行為中，如有怨嘆，祂都不理而致之，這是賜我們衆生好好地生活着，这是祂的大癡，这貪瞋癡是祂的心理祂本有的德性，本來具有的，是祂的秘密。祂在創造中不斷地成就衆生的成熟。如菓子初生的時只有發育，不到成熟不能食，故未成熟的菓子是苦澁的，到了長大時必須使其成熟，故應該以殺氣才能成熟，有生就有殺，加了殺氣之後成熟了，菓子就掉下來，以世間看來是死，故有生必有死，這種生殺的權柄是祂獨有，万物皆然，是祂自然兴起的，故云生殺威權我自兴。祂恐怕創造落空，不斷地动祂的腦力使其創造不空成就，這些都是祂為衆生的煩惱这煩惱還是祂老人家的本誓云密號，本有功德也。

六道輪迴戲三昧，三界唯納在一心，魑魅魍魎邪精怪，妄為執着意生身。

大我佛性的創造中有動物植物礦物，動物有人類、禽獸、水族、蟲類等具有感情性欲之類，植物乃草木具有繁殖子孫之類、礦物即礦物之類。其中人類的各種機能組織特別靈敏，感情愛欲思考經驗特別發達，故為萬物之靈長、原始時代大概相安無事的，到了文明發達就創了禮教，有了禮教將教化使其返樸歸真，創了教條束縛其不致出規守其本分，卻成其反造成越規了，這禮教包括一切之法律，法律並非道之造化法律，故百密一漏之處在所難免，有的法律是保護帝王萬世千秋不被他人違背而設的，不一定對於人類自由思考有幫助，所以越嚴格越出規，所以古人沒亂出有大偽、人類越文明越不守本分，欲望橫飛要衝出自由，自由是万物之特權之性。因此犯了法律就成犯罪，罪是法沒有自性的，看所犯之輕重論處，或罰款或勞役或坐牢，期間屆滿就無罪了。但犯了公約之法律或逃出法網不被發現，其人必会悔而自責，誓不復犯，那麼此人的心意識就有淡淡潛意識的某程度，此人必定還会死後再生為人，若不知悔但心中還常感苦煩，死後一定墮地獄，若犯罪畏罪而逃不敢面対現実，心中恐懼怕人發見，這种心意識死後会墮於畜生道。若人欲望熾盛欲火冲冠，死後必定墮入餓鬼道。若人作善意欲求福報死後会生於天道。人心是不定性的，所以在六道中出沒沒有了時，因為它是凡夫不悟真理才会感受苦境。苦樂感受是三界中事，若果修約悟了道之本體，與道合一，入我我入，成為乾坤一人的境界，向下觀此大道即是虛出發的現像，都是大我的三昧遊戲吧了。能感受所感受的三界都是心，不但三界，十界亦是心。故三界唯納在一心。魑魅魍魎邪精怪是山川木石等孕育天地之靈氣，然後受了動物之精液幻成，受了人之精液即能變為人形，受了猴之精液變猴，其他類推，這種怪物即是魔鬼，它不會因過失而懺悔，任意胡為，它的心是是一種執著意識，以其意而幻形，此名意成身。幻形有三條件，一是幽質，二是念朔材質，三是物質，比如說我們要畫圖，在紙上先想所畫之物，這是幽質，未動筆時紙上先有其形了。其次提起鉛筆繪個形記稿，此即念朔材質，次取來顏色塗上，就要成立體之相，即可亂真了。

喑啞聾殘廢疾、痼魔纏縛自迷因，心生覺了生是佛，心佛未覺佛是生」文

人們自出生時或出生了後，罹了喑啞、或眼盲、或耳聾或殘廢疾病、都由前生所作的心識有関，过去世做了令人憤怒而被打了咽喉、或眼目、或殘廢，或致了病入膏肓而死，自己還不能懺悔，心中常存怨恨，这种潜意識帶来轉生，其遺伝基因被其破壞，或在胎內或出生後会現其相。前生若能以般若来观照五蘊皆空，即可洗滌前愆甚至解縛証道，衆生因迷於宇宙真理，執着人法故此也。人們的造惡業亦是心，心生執着而不自覚即迷沉苦海，若悟了此心本来是佛性，心生迷境而能自覚了，心即回歸本来面目，那個時候迷的衆生就是佛了。这心就是佛，因衆生迷而

不覺故佛亦變眾生，是迷悟之一念間，人們應該在心之起念間要反觀自照以免隨波著流。

罪福本空無自性，原來性空無所憑，我道一覺超生死，慧光朗照病除根。

罪是違背公約的代價，福是善行的人間代價，這都是人我之間的現象界之法，在佛性之中都沒有此物，六道輪迴之中的諸心所法是人生舞台的法，人們迷於舞台之法，未透視演戲之人，戲是假的演員是真的，任你演什麼奸忠角色，對於演員本身是毫不相關的，現像無論怎麼演變，其本來佛性是如如不動的，所以世間之罪福無自性，原來其性本空，沒有什麼法可憑依。戲劇中之盛衰生死貪富根本與佛性的演員都沒有一回事。法華經中的譬喻品有長者子的寓意故事、有位長者之子本來是無量財富、因出去玩要被其他的孩子帶走、以致迷失不知回家、成為流浪兒、到了長大還不知其家、亦不認得其父母、父母還是思念、但迷兒流浪了終於受傭於其家為奴、雙方都不知是父子關係、有一天來了一位和尚・是有神通的大德、對其父子說係他原來是父子、那個時候當場互為相認、即時回復父子關係、子就可以繼承父親的財產了・未知之前其子還是貧窮的、了知之後就成富家兒了・故喻迷沉生死苦海的眾生若能被了悟的大德指導、一覺大我之道就超生死迷境了。了生死是了解生死之法本來迷境、這了悟就是智慧、智慧之光朗照、即業力的幻化迷境就消失、病魔之根就根除了

阿字門中本不生、吽開不二絕思陳、五蘊非真業非有、

能所俱泯斷主賓」文

阿字門即是涅槃体、是不生不滅的佛性本体、了知諸法自性本空沒有實体、眾生迷於人法、金剛般若經中說的四相、我相、人相、眾生相、壽者相、凡夫迷著以為實有、四相完全是戲論、佛陀教吾們要反觀內照、了知現象即實在、要將現象融入真理、我與道同在、我與法身佛入我我入成為不二的境界、這不二的境界是絕了思考的起沒、滅了言語念頭、靈明獨耀之境界、所有的五蘊是假的、這五蘊堅固就是世間所云之靈魂、有這靈魂就要輪迴六趣了、有五蘊就有能思與所思的主賓關係、変成心所諸法而執着、能所主賓斷了、心如虛空、心如虛空故與道合一、即時回歸不生不滅的阿字門、不然的話、迷着於色聲香味觸之法而認為真，就生起貪愛、瞋恚、愚癡等蓋佛性，把了生死苦樂感受，諸法是戲論，佛性不是戲論，佛陀教我們不可認賊為父。

了知三世一切佛，應觀法界性一真，一念不生三三昧，秘法二空佛印心。文

應該知道三世一切的覺者是怎樣成佛的，要了知一個端的去观这法界森羅万象是一真實的涅槃性所現，这是过去佛現在佛未來佛出世間所修观的方法，一念生万法現，一念若不生就是包括了無我、無相、無願三種三昧，这種三昧是心空，不是無知覚，是視之不見、聽之不聞的灵覚境界此乃一真法性當体之狀態，我執法執俱空即是入我我入，佛心印秘心、秘心印佛心。達到这境界即入禪定，禪是佛

定是心不起、二而一、衆生即佛。釋迦拈花迦葉微笑印此端的。因為迦葉等五百羅漢，均是不發大心的外道思想意識潛在，故開了方便手拈畢波羅花輾動，大衆均不知用意，但都啞然一念不生注視着，這端的當佛印佛性本來面目，可惜錯过機会，只有迦葉微笑表示領悟，自此別開一門的無字法門禪宗，見性了悟不能發大心都是獨善其身的自了漢。

菩薩金剛執着處，三緣無住起悲心，天龍八部隨心所、神通変化攝鬼神。文

羅漢在高山打蓋睡，菩薩落荒草，佛在世間不離世間覺，羅漢入定不管世事衆生死如在高山睡覺，定力到極限的時候就醒來，会起了念頭，就墮下來了。菩薩是了悟衆生

本俱即佛德，已知迷是苦海，覺悟即極樂，菩薩已徹底了悟了，它就不怕生死，留惑潤生，拯救沉沒海中的眾生，如人已知水性了，入於水中會游泳，菩薩變成泳池，眾生是不知水性故會沉溺，菩薩入於眾生群中，猶如一支好花入於蔓草之中，鶴立雞群，一支獨秀。佛世間，眾生世間，器世間，都是法界佛性所現，在世間覺悟道理了，就是佛，所以佛在世間並無離開世間。佛是世間眾生的覺悟者，菩薩為度眾生而開方便法門，但有頑固的眾生不受教訓，菩薩就起了忿怒相責罰，這就是金剛，這是大慈大悲的佛心所流露之心所，其體即佛，心王心所是佛之眷屬，這種大慈大悲的教化眾生之心所，是沒有能度所度及功勞的心無住生心，歸納起來菩薩金剛都是大悲毘盧遮那之心。

此心即佛心，要度天或鬼神就要化同其趣。如天要降雨露均沾法界眾生就要八部神將，都是大日如來心所流出的。祂的神通變化是莫測的，不但能度的菩薩金剛、連鬼神之類都是毘盧遮那普門之一德、普門之多的總和即總持，入了總持即普門之德具備、這總持即是心。

無限色聲我實相、文賢加持重之身、聽我法句認諦理、

一轉彈指立歸真。

心是宇宙心，心包太虛，太虛之中有無量基因德性，無量基因德性即普門，色即現前之法、聲即法相之語，語即道之本體、有其聲必有其物、有其物即有其色相、無限的基因德性、顯現無限不同法相、能認識之本體即佛性智德

、顯現法相之理即理德，智法曰文殊、理德曰普賢，法界之森羅万象即此理智冥加之法，無量無邊之理德及無量無邊之智法，無論一草一木都是此物諸尊之冥加的總和，只是基因法性之不同，顯現之物或法都是各各之完成其任務之相，若不如是万物即呈現法一色、一味、一相，都沒有各各之使命標幟了。這無限無量的基因德性的功德，這功德都藏於一心之如來藏中，凡夫不知故認後天收入的塵法為真，將真與假合體，成為阿賴耶識，自此流迷三界苦海了。人們若覺醒了這道理而覺悟，即不起于座立地成佛了。

附錄一：《一真法句淺說》——悟光上師《證道歌》

【全文】

嗡乃曠劫獨稱真，六大毘盧即我身，時窮三際壽無量，體合乾坤唯一人。

虛空法界我獨步，森羅萬象造化根，宇宙性命元靈祖，光被十方無故新。

隱顯莫測神最妙，璿轉日月貫古今，貪瞋煩惱我密號，生殺威權我自興。

六道輪回戲三昧，三界匯納在一心，魑魅魍魎邪精怪，妄為執著意生身。

喑啞蒙聾殘廢疾，病魔纏縛自迷因，心生覺了生是佛，心佛未覺佛是生。

罪福本空無自性，原來性空無所憑，我道一覺超生死，慧光朗照病除根。

阿字門中本不生，吽開不二絕思陳，五蘊非真業非有，能所俱泯斷主賓。

了知三世一切佛，應觀法界性一真，一念不生三三昧，我法二空佛印心。

菩薩金剛我眷屬，三緣無住起悲心，天龍八部隨心所，神通變化攝鬼神。

無限色聲我實相，文賢加持重重身，聽我法句認諦理，一轉彈指立歸真。

【釋義】

嗡乃曠劫獨稱真，六大毘盧即我身，時窮三際壽無量，體合乾坤唯一人。

嗡又作唵，音讀嗡，嗡即皈命句，即是皈依命根大日如來的法報化三身之意，法身是體，報身是相，化身是用，法身的體是無形之體性，報身之相是無形之相，即功能或云功德聚，化身即體性中之功德所顯現之現象，現象是體性功德所現，其源即是法界體性，這體性亦名如來德性、佛性，如來即理體，佛即精神，理體之德用即精神，精神即智，根本理智是一綜合體，有體必有用。現象萬物是法界體性所幻出，所以現象即實在，當相即道。宇宙萬象無一能越此，此法性自曠劫以來獨一無二的真實，故云曠劫獨稱真。此體性的一中有六種不同的性質，有堅固性即地，地並非一味，其中還有無量無邊屬堅固性的原子，綜合其堅固性假名為地，是遍法界無所不至的，故云地大。其次屬於濕性的無量無邊德性名水大，屬於煖性的無量無邊德性名火大，屬於動性的無量無邊德性曰風大，屬於容納無礙性的曰空大。森羅萬象，一草一木，無論動物植物礦物完全具足此六大。此六大之總和相涉無礙的德性遍滿法界，名摩訶毘盧遮那，即是好像日光遍照宇宙一樣，翻謂大日如來。吾們的身體精神都是祂幻化出來，故云六大毘盧即我身，這毘盧即是道，道即是創造萬物的原理，當然萬物即是道體。道體是無始無終之靈體，沒有時間空間之分界，是沒有過去現在未來，沒有東西南北，故云時窮三際的無量壽命者，因祂是整個宇宙為身，一切萬物的新陳代謝為命，永遠在創造為祂的事業，祂是孤單的不死人，祂以無量時空為身，沒有與第二者同居，是個絕對孤單的老人，故曰體合乾坤唯一人。

虛空法界我獨步，森羅萬象造化根，宇宙性命元靈祖，光被十方無故新。

祂在這無量無邊的虛空中自由活動，我是祂的大我法身位，祂容有無量無邊的六大體性，祂有無量無邊的心王心所，祂有無量無邊的萬象種子，祂以蒔種，以各不同的種子與以滋潤，普照光明，使其現象所濃縮之種性與以展現成為不同的萬物，用祂擁有的六大為其物體，用祂擁有的睿智精神（生其物）令各不同的萬物自由生活，是祂的大慈大悲之力，祂是萬象的造化之根源，是宇宙性命的大元靈之祖，萬物生從何來？即從此來，死從何去？死即歸於彼處，祂的本身是光，萬物依此光而有，但此光是窮三際的無量壽光，這光常住而遍照十方，沒有新舊的差別。凡夫因執於時方，故有過去現在未來的三際，有東西南北上下的十方觀念，吾人若住於虛空中，即三際十方都沒有了。物質在新陳代謝中凡夫看來有新舊交替，這好像機械的水箱依其循環，進入來為新，排出去為舊，根本其水都沒有新舊可言。依代謝而有時空，有時空而有壽命長短的觀念，人們因有人法之執，故不能窺其全體，故迷於現象而常沉苦海無有出期。

隱顯莫測神最妙，璿轉日月貫古今，貪瞋煩惱我密號，生殺威權我自興。

毘盧遮那法身如來的作業名羯磨力，祂從其所有的種子注予生命力，使其各類各各需要的成分發揮變成各具的德性呈現各其本誓的形體及色彩、味道，將其遺傳基因寓於種子之中，使其繁愆子孫，這源動力還是元靈祖所賜。故在一期一定的過程後而隱沒，種子由代替前代而再出現，這種推動力完全是大我靈體之羯磨力，凡夫看來的確太神奇了、太微妙了。不但造化萬物，連太空中的日月星宿亦是祂的力量所支配而璿轉不休息，祂這樣施與大慈悲心造宇宙萬象沒有代價，真是父母心，吾們是祂的子孫，卻不能荷負祂的使命施與大慈悲心，迷途的眾生真是辜負祂老人家的本誓的大不孝之罪。祂的大慈悲心是大貪，眾生負祂的本誓，祂會生氣，這是祂的大瞋，但眾生還在不知不覺的行為中，如有怨嘆，祂都不理而致之，還是賜我們眾生好好地生活著，這是祂的大癡，這貪瞋癡是祂的心理、祂本有的德性，本來具有的、是祂的密號。祂在創造中不斷地成就眾生的成熟。如菓子初生的時只有發育，不到成熟不能食，故未成熟的菓子是苦澀的，到了長大時必須使其成熟故應與以殺氣才能成熟，有生就應有殺，加了殺氣之後成熟了，菓子就掉下來，以世間看來是死，故有生必有死，這種生殺的權柄是祂獨有，萬物皆然，是祂自然興起的，故云生殺威權我自興。祂恐怕其創造落空，不斷地動祂的腦筋使其創造不空成就，這些都是祂為眾生的煩惱。這煩惱還是祂老人家的本誓云密號，本有功德也。

六道輪回戲三昧，三界匯納在一心，魑魅魍魎邪精怪，妄為執著意生身。

大我體性的創造中有動物植物礦物，動物有人類，禽獸，水族，蟲類等具有感情性欲之類，植物乃草木具有繁愆子孫之類，礦物即礦物之類。其中人類的各種機能組織特別靈敏，感情愛欲思考經驗特別發達，故為萬物之靈長，原始時代大概相安無事的，到了文明發達就創了禮教，有了禮教擬將教化使其反璞歸真，創了教條束縛其不致出規守其本分，卻反造成越規了，這禮教包括一切之法律，法律並非道之造化法律，故百密一漏之處在所難免，有的法律是保護帝王萬世千秋不被他人違背而設的，不一定對於人類自由思考有幫助，所以越嚴格越出規，所以古人設禮出有大偽，人類越文明越不守本分，欲望橫飛要衝出自由，自由是萬物之特權之性，因此犯了法律就成犯罪。罪是法沒有自性的，看所犯之輕重論處，或罰款或勞役或坐牢，期間屆滿就無罪了。但犯了公約之法律或逃出法網不被發現，其人必會悔而自責，誓不復犯，那麼此人的心意識就有洗滌潛意識的某程度，此人必定還會死後再生為人，若不知懺悔但心中還常感苦煩，死後一定墮地獄，若犯罪畏罪而逃不敢面對現實，心中恐懼怕人發現，這種心意識死後會墮於畜生道。若人欲望熾盛欲火衝冠，死後必定墮入餓鬼道。若人作善意欲求福報死後會生於天道，人心是不定性的，所以在六道中出歿沒有了時，因為它是凡夫不悟真理才會感受苦境。苦樂感受是三界中事，若果修行悟了道之本體，與道合一入我我入，成為乾坤一人的境界，向下觀此大道即是虛出歿的現象，都是大我的三昧遊戲罷了，能感受所感受的三界都是心，不但三界，十界亦是心，故三界匯納在一心。魑魅魍魎邪精怪是山川木石等孕育天地之靈氣，然後受了動物之精液幻成，受了人之精液即能變為人形，受了猴之精液變猴，其他類推，這種怪物即是魔鬼，它不會因過失而懺悔，任意胡為，它的心是一種執著意識，以其意而幻形，此名意成身，幻形有三條件，一是幽質，二是念朔材質，三是物質，比如說我們要畫圖，在紙上先想所畫之物，這是幽質，未動筆時紙上先有其形了，其次提起鉛筆繪個形起稿，此即念朔材質，次取來彩色塗上，就變成立體之相，幾可亂真了。

喑啞蒙聾殘廢疾，病魔纏縛自迷因，心生覺了生是佛，心佛未覺佛是生。

人們自出生時或出生了後，罹了喑啞、或眼盲、或耳聾或殘廢疾病，都與前生所作的心識有關，過去世做了令人憤怒而被打了咽喉、或眼目、或殘廢、或致了病入膏肓而死，自己還不能懺悔，心中常存怨恨，這種潛意識帶來轉生，其遺傳基因被其破壞，或在胎內或出生後會現其相。前生若能以般若來觀照五蘊皆空，即可洗滌前愆甚至解縛證道，眾生因不解宇宙真理，執著人法故此也。人們的造惡業亦是心，心生執著而不自覺即迷沉苦海，若果了悟此心本來是佛性，心生迷境而能自覺了，心即回歸本來面目，那個時候迷的眾生就是佛了。這心就是佛，因眾生迷而不覺故佛亦變眾生，是迷悟之一念間，人們應該在心之起念間要反觀自照以免隨波著流。

罪福本空無自性，原來性空無所憑，我道一覺超生死，慧光朗照病除根。

罪是違背公約的代價，福是善行的人間代價，這都是人我之間的現象界之法，在佛性之中都沒有此物，六道輪迴之中的諸心所法是人生舞台的法，人們只迷於舞台之法，未透視演戲之人，戲是假的演員是真的，任你演什麼奸忠角色，對於演員本身是毫不相關的，現象無論怎麼演變，其本來佛性是如如不動的，所以世間之罪福無自性，原來其性本空，沒有什麼法可憑依。戲劇中之盛衰生死貧富根本與佛性的演員都沒有一回事。《法華經》中的〈譬喻品〉有長者子的寓意故事，有位長者之子本來是無量財富，因出去玩耍被其他的孩子帶走，以致迷失不知回家，成為流浪兒，到了長大還不知其家，亦不認得其父母，父母還是思念，但迷兒流浪了終於受傭於其家為奴，雙方都不知是父子關係，有一天來了一位和尚，是有神通的大德，對其父子說你們原來是父子，那個時候當場互為相認，即時回復父子關係，子就可以繼承父親的財產了。未知之前其子還是貧窮的，了知之後就成富家兒了，故喻迷沉生死苦海的眾生若能被了悟的大德指導，一覺大我之道就超生死迷境了。了生死是瞭解生死之法本來迷境，這了悟就是智慧，智慧之光朗照，即業力的幻化迷境就消失，病魔之根就根除了。

阿字門中本不生，吽開不二絕思陳，五蘊非真業非有，能所俱泯斷主賓。

阿字門即是涅盤體，是不生不滅的佛性本體，了知諸法自性本空沒有實體，眾生迷於人法，《金剛般若經》中說的四相，我相、人相、眾生相、壽者相，凡夫迷著以為實有，四相完全是戲論，佛陀教吾們要反觀內照，了知現象即實在，要將現象融入真理，我與道同在，我與法身佛入我我入成為不二的境界，這不二的境界是絕了思考的起沒，滅了言語念頭，靈明獨耀之境界，所有的五蘊是假的，這五蘊堅固就是世間所云之靈魂，有這靈魂就要輪迴六趣了，有五蘊就有能思與所思的主賓關係，變成心所諸法而執著，能所主賓斷了，心如虛空，心如虛空故與道合一，即時回歸不生不滅的阿字門。不然的話，迷著於色聲香味觸之法而認為真，故生起貪愛、瞋恚、愚癡等眾蓋佛性，起了生死苦樂感受。諸法是戲論，佛性不是戲論，佛陀教吾們不可認賊為父。

了知三世一切佛，應觀法界性一真，一念不生三三昧，我法二空佛印心。

應該知道三世一切的覺者是怎樣成佛的。要了知一個端的應觀這法界森羅萬象是一真實的涅盤性所現，這是過去佛現在佛未來佛共同所修觀的方法，一念生萬法現，一念若不生就是包括了無我、無相、無願三種三昧，這種三昧是心空，不是無知覺，是視之不見、聽之不聞的靈覺境界，此乃一真法性當體之狀態，我執法執俱空即是入我我入，佛心即我心，我心即佛心，達到這境界即入禪定，禪是體，定是心不起，二而一，眾生成佛。釋迦拈花迦葉微笑即此端的，因為迦葉等五百羅漢，均是不發大心的外道思想意識潛在，故開了方便手拈畢波羅花輾動，大眾均不知用意，但都啞然一念不生注視著，這端的當體即佛性本來面目，可惜錯過機會，只有迦葉微笑表示領悟，自此別開一門的無字法門禪宗，見了性後不能發大心都是獨善其身的自了漢。

菩薩金剛我眷屬，三緣無住起悲心，天龍八部隨心所，神通變化攝鬼神。

羅漢在高山打蓋睡，菩薩落荒草，佛在世間不離世間覺，羅漢入定不管世事眾生宛如在高山睡覺，定力到極限的時候就醒來，會起了念頭，就墮下來了，菩薩是了悟眾生本質即佛德，已知迷是苦海，覺悟即極樂，菩薩已徹底了悟了，它就不怕生死，留惑潤生，拯救沉沒海中的眾生，如人已知水性了，入於水中會游泳，苦海變成泳池，眾生是不知水性故會沉溺，菩薩入於眾生群中，猶如一支好花入於蔓草之中，鶴立雞群，一支獨秀。佛世間、眾生世間、器世間，都是法界體性所現，在世間覺悟道理了，就是佛，所以佛在世間並無離開世間。佛是世間眾生的覺悟者，菩薩為度眾生而開方便法門，但有頑固的眾生不受教訓，菩薩就起了忿怒相責罰，這就是金剛，這是大慈大悲的佛心所流露之心所，其體即佛，心王心所是佛之眷屬，這種大慈大悲的教化眾生之心所，是沒有能度所度及功勞的心，無住生心，歸納起來菩薩金剛都是大悲毘盧遮那之心。此心即佛心，要度天或鬼神就變化同其趣。如天要降雨露均沾法界眾生就變天龍，要守護法界眾生就變八部神將，都是大日如來心所所流出的。祂的神通變化是莫測的，不但能度的菩薩金剛，連鬼神之類亦是毘盧遮那普門之一德，普門之多的總和即總持，入了總持即普門之德具備，這總持即是心。

無限色聲我實相，文賢加持重重身，聽我法句認諦理，一轉彈指立歸真。

心是宇宙心，心包太虛，太虛之中有無量基因德性，無量基因德性即普門，色即現前之法，聲即法相之語，語即道之本體，有其聲必有其物，有其物即有其色相，無限的基因德性，顯現無限不同法相，能認識之本體即佛性智德，顯現法相之理即理德，智德曰文殊，理德曰普賢，法界之森羅萬象即此理智冥加之德，無量無邊之理德及無量無邊之智德，無論一草一木都是此妙諦重重冥加的總和，只是基因德性之不同，顯現之物或法都是各各完成其任務之相。若不如是萬物即呈現清一色、一味、一相，都沒有各各之使命標幟了。這無限無量的基因德性曰功德，這功德都藏於一心之如來藏中，凡夫不知故認後天收入的塵法為真，將真與假合璧，成為阿賴耶識，自此沉迷三界苦海了，人們若果聽了這道理而覺悟，即不起於座立地成佛了。

—完—

附錄二：《真言宗讀本宗史篇》手稿

梅尾祥雲著　日本真言宗

真言宗讀本　宗史篇

凡例

一、本書為令明瞭真言宗之全貌，同時以之為宗徒教養之資料，又基於宗門學徒之要求使用於教科書而編集，謂宗史篇、教義篇、実修篇，三篇中之一。

一、當本書之編集設立委員会，由其協力与援護而成本書。但為記事內容之責任明瞭上，以筆者之著書以之公刊。

一、本書亘及思想史与教團史兩面，但為通俗的主旨上，更為特殊分時代論述，但各章均遂有年代以叙說，依此来了解前後一貫之宗史真相。

一、古來顯密對辨之教判思想上，大日与釋迦為別躰，以密教非釋迦教的見解亦有之，可是本書是為明白歷史上之具体的事实故，由此歷史上之見地而言，顯密無論如何都基於釋尊佛教之流傳。

一、本書為將古來之傳統活現於現代上起見，如其付法相承說等，即依史的見地來直看，以具体的歷史之事实而尽量免除無理的看法。

一、本書準據於日本新定文法，使用之漢字亦尽量避免艱澁之文句，但經論等之書目或特殊之事情，不得已而用制限外之漢字。

一、本書中亦有新起之稿，又多取材於拙著秘密佛教史，並日本密教學道史而改刪，亦有新表題，又有當体的記載亦不少。

一、最後對於編集委員会各位之協力与援護，衷心地表示謝意。

昭和二十三年八月

著者 栂尾祥雲識

真言宗讀本（宗史篇）目次

第一章、我教主与教祖

第二章、龍猛与南天鉄塔

第六章、真言宗之開祖(1)

大師之誕生與修學(二四)——入佛道之因緣(二五)——其出家得度與三教指歸(二六)——於佛教上的疑念與不二之探經(二六)——入唐之動機與經路(二七)

第七章、真言宗之開祖(2)

秘密大法之面授(二九)——惠果之遷化與為和尚之碑文(三〇)——大師之歸朝與真言宗之開創(三一)——嵯峨天皇與我大師(三二)——大師之宗門經營(三三)——大師之事業(三三)——大師之入定(三四)

第八章、宗祖與南都比叡

大師與南都佛教(三四)——大師之南都進出(三五)——大師與南都高僧之交情(三六)——對南都佛教的最澄與我大師(三七)——於入唐以前之最澄與大師(三八)——對大師的最澄之學窓(三九)——於御半期

之大師与最澄(三九)——於最澄之寂後的東寺之教勢(四〇)……於大
師晩年的南都北嶺之佛教(四一)

第九章・宗祖与其弟子

大師之灌頂弟子(四二)……接大師之法灯弟子(四二)——実慧之傳歴
(四二)……真濟之傳歴(四四)——真雅之傳歴(四五)……智泉与其早逝(四六)……
杲隣与真知親王(四六)——道雄・道昌・泰範・圓明・忠延(四七)
——東寺之定額僧教育(五〇)……大師与同國同族之弟子(四七)——弟
子緣上所看的最澄与大師(四七)

第十章・弟子之教育制度

大師之弟子教方針(四八)……大師當時之宗教教育(四九)——大師之
弟子教育之実際(四九)——東寺之定額僧教育(五〇)——大師之三業
度人制度(五一)——試度之場所与其実践(五二)……試度之方法(五三)……

在於東寺傳法會之組織(五三)——高野山之修学会与練学会(五四)

——傳法會之推移(五四)

第十一章，東密之御入唐諸家(1)

東密之御入唐五家(五五)——圓行之事蹟(五五)——圓行与故惠果和尚之展墓(五六)——圓行与講論大德(五六)——常曉之事蹟(五七)——常曉与太元法之請来(五八)——常曉之付法(五九)

第十二章，東密之御入唐諸家(2)

慧運之事蹟(五九)——慧運与安祥寺(六一)——真如親王之事蹟(六二)——親王之入唐求法(六二)——親王之入竺与最期(六三)——宗叡之事蹟(六三)——宗叡与清和上皇(六四)——於東寺一門御入唐諸家之貢獻(六五)

第十三章，台密与東密

野澤根本二流的分派真因（七八）：至於公稱根本二流之經路（八〇）：教義上之爭不如師傳之相異（八一）：野澤諸流之根本系譜（八二）

第十七章．野澤根本十二流

根本十二流中之廣澤六流（八四）—仁和御流（八四）—西院流（八五）—保壽院流（八五）：華藏院流（八六）：忍辱山流（八六）：傳法院流（八六）—小野六流（八七）—安祥寺流（八七）：勸修寺流（八八）：隨心院流（八九）—三寶院流（八九）—理性院流（八九）—金剛王院流（九〇）—小野六流外之中院流（九〇）—更分為三十六流等（九二）

第十八章．高野山與觀賢

大師與高野山（九二）—真然之高野山經營（九三）—三十帖策子問題（九三）—離山之動機（九四）—此問題有關之前後處置（九五）—觀賢

行学一如之真言教学（）－於大師以後之行的偏重（）－慧学教相之生芽（）－事相与教相之対立由来（）－慧学教相之発展（）－講説談義之態度（）－於高野山的慧学之道場（）－於此時代之高野山学匠（）－研学与論議（）－教相本山与事相本山（）

第二十二章・根本学園之独立

覚鑁之根来隠遁与高野山之大傳法院（）－大伝法院之根来移転（）－根来与高野山之対立（）－本地身説与加持身説之由来（）－於高野山之加持身説（）－頼瑜之加持身説大成（）－根来教学之確立（）

第二十三章・醍醐一山之隆昌

醍醐寺之推移与勢力之二大分（）－文観与吉野朝之関係

（）：三宝院賢俊与室町幕府（）：室町幕府与三宝院之势力
成（）

第二十四章：醍醐之不二門教学

醍醐教学之特質（）：纂元面授之内容（）：於醍醐教学的生死觀（）：醍醐之不二門教学与其得失（）：理智事之三點說与其傳承（）

第二十五章：東寺教学之兴替

自性上人与東寺教学之中兴（）：賴宝之傳歷（）：杲宝之伝歷（）：賢宝之貢献（）：東寺教学之兴亡（）

第二十六章：南山教学之大成

南山教学之起伏（）：於南山教学的応永之大成（）：長覚之伝歷（）：長覚之不二門思想与由来（）：不二門教学之

觀点与而二門教学（　）：宥快之伝歷（　）—而二門教学与不二
門教学之関係（　）—宝門与寿門的二学派之対立（　）—
第二十七章—真言宗之衰弊
応仁文明之兵禍（　）—京都諸山之荒廢（　）—根来高野之僧
兵（　）：根来僧兵之横暴与秀吉之攻略（　）：秀吉与高野山
（　）：应其上人与其功績（　）：戰國時代的真言宗（　）
第二十八章—真言宗之復兴
宗团崩壞之危機（　）—真言宗復兴之曙光（　）：对此的秀吉
、家康之貢献（　）：根来滅亡後的専誉与長谷寺（　）：玄宥
与智積院（　）：智豐兩山之学匠輩出（　）—護國寺之亮賢与
護持院之隆光（　）—真言律之兴起（　）：德川幕府之宗教政
策与真言宗之硬化（　）

第二十九章：賴庆之勸学運動

無学僧之跋扈（　）；賴庆之行蹟（　）；家康与賴庆（　）；高野山之劃正（　）；对诸山的賴庆之勸学（　）；賴庆之蹉跌（　）；賴庆之功績（　）

第三十章：明治以後之真言宗

宗徒之無氣力（　）；明治維新与真言宗之打擊（　）；此宗难与志士之奮鬪（　）；一宗一管長制度与三管長之分立（　）；劃一制度之復歸与其業蹟（　）；分離独立派与劃一派之紛爭（　）；聯合制度之解消与推移（　）；新古之分合与現制度（　）

真言宗讀本

（日本真言宗宗史篇）

1

第一章 我教主與教祖

真言密教之意義

弘法大師所傳之宗教謂真言密教，此以真言[1]為中軸，啟示其秘密体驗內容，當体如實顯露之宗教故也。

真言密教之教主

是什麼佛為何人何物而說者，此恰如太陽照一切生一切之大日如來，為自法樂對於自內容之聖象所說。

此真言密教之教主的大日如來雖具足一切之物相，但用此肉眼無法看到。但是以心眼印在何時何處都可以看其姿態、聞其說法、祂印遍三世貫宇宙，常住永遠的活佛。

無論如何活於永遠的佛，因為這肉眼不能見到故，亦非存在於心外世界之具体的之歷史上之佛。只待開了心眼，

(1)真言即是於密体驗之境地如實地表現得構成的言語

證得心本的具体的歷史的人、始得顯現其心內的佛。

它不過是宗教行者之內心所現的灵体佛而已。

大日与釋迦的關係

然誰能实际可以感見其大日如來、能得接其实相?。若果

開了心眼，誰都可以接觸其常恒之佛，但以歷史上觀之，

最初感見此佛者，即印度出現之釋尊。

此事既在「金剛頂教王經」等廣為說之，悉達多(siddhārtha)(2)

即義成就菩薩之釋尊，於菩提樹下端坐思惟時，教主、大

日如來示現种々身雲、驚覺了釋尊，釋尊依其敎示而体得

無上之正真道，遂而与灵体佛的教主、大日如來合一、釋

尊自此得以自成大日如來。

此宗教行者的釋尊於与灵体佛之大日如來合一以上、釋

尊即大日如來、但未与其灵体合一以前即釈迦与大日完全

(2) 此經具為金剛頂如來真实攝大乘現證大教王經，上卷接別序說五相成身觀(大正一八二〇七頁下)廣說之

大師对此之見解

(3) 此大師在辯顯密二教論卷上並広付法伝等所說之如

在現象上是個別之存在，此二佛無論如何都不可混同的。

又其釋尊与灵体佛合一之後，釋尊若住於大日之境地時，大日、釋迦、成為不二一体。釋迦即大日如來、但出大日之境地，或对心眼未開的小乘教人、或適途大乘教的人們，即不住於灵体之大日如來境地故，此時不能說釋迦即大日如來。這点釋迦与大日完全是別佛。此弘法大師(3)对他之佛教強調真言密教之特質時云，真言密教是大日如來所說，非釋迦說，因為釋迦不說大日之內証之所以也。即所謂住於大日之境地与大日合一時之釋迦是既成大日如來，非常途之釋迦故也。

立於如斯見地，大師說了大日与釋迦之別体，明示了真言密教之所為真言密教的特點，雖然如是但並不否定歷史

上之釋迦教、佛教。於大師其「請來錄」云：「釋教(4)雖是浩汗分
之、印成通途之佛教的顯教与自所伝承之密教。遊一心之
利刀者印顯教、揮三密之金剛印密教」云云。又其「付法伝」云
「於佛教(5)一、三、五乘演一、皆又分、乃至條同而用殊。
然於心外世界、其條的歷史的事實上而言、雖云真言密
教、亦不过是出現印度之釋尊、依之所展開的佛教之一。
真言密教是去今二千五百有餘年前、印度迦毘羅衛（今尼泊）
城主、淨飯大王之長子的釋迦、六年苦行之後、於菩提樹
下端坐冥目、至明星呈現東方之頃、豁然大悟、身心脫落
成為大日如來、由此為淵源(6)。
有此釋尊始有真言密教之展開的歷程上而言、釋尊即是
真言密教之教祖了。但不得与教主其物混同。

(4)請來錄（大師全集第一輯一〇一頁之取意之文）
(5)広付法伝（大師全集第一輯一頁之文）
(6)秘鍵之印集義釋得錄下卷（真言宗全集十三、七六）
(人)恵果阿闍梨印身成佛、依以釋迦為印身成佛

釈尊与金剛薩埵

其教祖釈迦与教主大日如来合一而生之處、才是得到無限之生命活於永遠。此謂金剛薩埵（vajrasattva）、此金剛即是永遠不滅、薩埵即存在者，即是「人」，及正金剛薩埵就是活於永遠的人、即「永遠人」也。於彼菩提樹下成為大日如来之釈尊、即活於永遠、當体即永遠之金剛薩埵也。此事於「攝真実経」云：「我(7)身（釈迦）既成金剛薩埵」。「理趣釈(8)経」云為一切義成就菩薩之釈尊是、普賢金剛薩埵之異名」。

其處才有真言密教之黎明、有紀元，即靈体的大日与行者的釈迦之間、令生与被生、能照与被照，与及被与、面面相対、妙感妙応之境地逐而現出，此即付法相承之源初、經此金剛薩埵之教祖釈尊繼承教主大日如来之職位。

付法相承之源初

(7) 攝真実経中（大正一八、二七四頁下）之文

(8) 般若理趣釈上（大正一九、六〇九頁中）之文。

第二章 龍猛与南天鉄塔

此歷史上之釋尊成為活於永遠的金剛薩埵，繼大日如來之聽位、將伝其妙應妙感之境地當体，像阿難、迦葉等之小乘機是不堪受的，只有與釋尊同等、能融合大日如來、得密法相承之資格。活於永遠的金剛薩埵才能伝之。歷史人之金剛薩埵、如被之密教(1)經軌所說，於真言密教，受秘密灌頂後，勇猛精進，生於永遠(2)的人均為金剛薩埵故、自生於永遠、伝永遠(2)之道的人總稱為金剛薩埵、其金剛薩埵於未來必有其人，於秘密(3)裡伝承此，為伝此得流布於一般而待時待人者也。時、南天竺有龍猛(ナーガールジュナ)菩薩应其識、還了宇宙神秘之体驗者之永遠人的金剛薩埵、依其金剛薩埵伝授此真言秘密之法、把初才流布此世間、展開為濟生利民之新宗教。此於「三十七尊出生義」云「釋獅子正得大日如來授之」伝於金

(1)般若撰撰訳上略出經四、其他之秘密經、聖位經等鏡今、

(2)大師之難阐卷，大師全集第四輯，五七頁。印身成佛人是指誰，答其人多，暫指金剛薩埵。

剛薩埵、金剛薩埵得之經數百年傳給龍猛菩薩。

此龍猛菩薩、是在何處、如何地由金剛薩埵傳承密法，依弘法大師之「付法傳」：釋尊滅後八百年入南天竺之鉄塔、親受金剛薩埵傳之。即如來之滅後有一大德名龍猛、先立其塔前、誦大日如來之真言、大日如來現種々身、於虛空之中說法門章句、次第抄寫之、寫了時即消滅、其所寫之經典乃「毗盧遮那念誦法要」一卷。

時其大德、更發誠持誦力、願能開其塔、經七日繞塔念誦、加持白芥子打其塔門、至第七日塔門即開、然塔內之諸金剛神、一時踴怒不得其入、只見塔內、香灯一丈二丈、名華寶蓋懸列充滿其中、又聞到讚声。

時此菩薩、至心懺悔發大誓願：諸金剛神出來問曰：「汝有何事」、答曰「如來滅後御邪林崇而大乘將滅、今此塔中有三世之如來一切法藏、願受持利濟群生」。金剛手命入、入已塔遂閉、見其內即是法界宮殿、毘盧遮那之現証窣覩婆，三世之諸佛菩薩，皆住此中，印證金剛薩埵等之灌頂加持誦持一切秘密法門，依此流布世間云。

此南天鉄塔之記事是伝密教到中國之金剛智三藏之口說、其弟子不空之記述、稱謂「金剛頂義訣」為基之說，但依大師之見解另有解釋之處亦多，又潤色之處亦不少。

依大師之見解，鉄塔云者即宇宙之象徵，其當体即法界宮殿，大日如來之現證的塔婆，此鉄塔是映入龍猛菩薩之心眼故，不是人力之所造，可謂如來神力之所現。

反正龍猛菩薩受永遠人金剛薩埵灌頂、映入其心眼的宇宙之實相表示，即此南天鉄塔，此處之一草一木無非悉是永劫佛之姿，溪声悉皆廣長舌，大師所謂「三世諸佛皆住此中」即此。体驗此宇宙之神秘，始將此流布於世，由此真言密教才被世所認定，依此龍猛之心塔開扉，以之真正地開了真言密教之一新紀元者亦不久。

第三章　真言密教之付法

此龍猛菩薩出世於西曆第二世紀至第三世紀，刷新了當時之萎靡沈滞的佛教界，被所有人崇敬為現實之活佛。常參入宇宙之神秘，於一草一木上認証永劫流動的無限生命之佛姿，「其佛常放光明常在說法，但以羅故不見不聞、恰如日出盲者不見、雷霆震地聾者不聞、」而述之。又云「不知世間法、乃至、不能教化一人」，教以世間之経書、技芸、方術等之総活用、進而造塔、供養佛像、現佛等之必要、更以阿、羅、波、等之世间普通文字来象徵得無限之体驗世界的涉入妙術说示、都是此龍猛菩薩所設、依此菩薩开拓了真言密教之處女地、確立其基礎。

龍猛菩薩以此世間法上建立了出世间之宗教、即此世间活现佛陀之精神的見地、不辞与婆羅门教徒捐呪術、不但如此為度偏信外道之國王、自脱僧服作一軍将、利用此軍将之信任、遂而引此王入於佛法都被為者也。

如斯崇奉龍猛菩薩的國王、大概是南天竺引正王家之一王、菩薩為此一王而裁書、懇々而誡其放逸、勸誡住於佛陀之精神、此引正王家從来歸依此菩薩信仰深厚、周援很多資材、於黑峰山開鑿五層之石窟寺、安住菩薩於此。

菩薩以此黑峰山為中心而光被德化四方、極其偉大的事情，即在菩薩滅後一百年、訳其伝歷的姚秦之羅什、於其伝之跋語云「南天竺之諸国為彼建廟敬奉如佛」，依此即可窺見其一斑。

此龍猛菩薩以来、真言密教次第發展於印度、自西歷第七世紀至第八世紀，至誇其盛榮。時有龍智菩薩、伝承龍猛菩薩之粹実、廣為宣布於南印度、成為密教付法之第四祖。

龍智之弟子有金剛智三藏、三藏西歷第八世紀初師事於龍智究学密教之蘊奥，時常前往印度南端之補陀洛山參詣、蒙受観音之灵告，思立中國之開教、於玄宗皇帝之開元八年、携了很多的梵本由海路来唐，在唐二十二年翻訳了

「金剛頂略出経」等很多梵本，盛施教化後，開元二十九年，以七十一歲而遷化。

金剛智三藏之弟子有不空三藏，身為玄宗、肅宗、代宗三代之帝師，集宮廷百官之崇仰，不但翻譯了自己請來之梵本五百餘部秘密經典，更弘布真言密教於中國全域，現出其黃金時代乃全是三藏之力。伝此三藏之正統者，即是惠果和尚，成此和尚之正嫡弟子即弘法大師也。

於此將真言密教之濫觴的大日如來與金剛薩埵二祖，加龍猛、龍智、金剛智、不空、惠果、弘法之六祖為付法八祖，此正示弘法大師之伝承的秘密法流之正統，常用於灌頂血脈。

第四章　真言密教之伝持

並非弘法大師之法流正系之祖師，但在中國流伝真言密教而護持者，有善無畏三藏与一行禪師。

善無畏三藏是東印度烏荼國之王子，年僅十三歲而即王位，大集國民一般之信望，諸兄嫉其能而起乱故，予以鎮定，但自己对於王位不屑留恋，遂讓其兄身投佛门。

時，印度那蘭陀寺有位達磨掬多，不但精通真言密教，已経得到秘密体験，名声嘖嘖之者，故三藏師事之得窮其蘊奥，時常受師之策励，依之决志往中國開教，不顧已経八十歲之高齡，携秘密経卷積於駱駝之背，並商人隊取路於天山北路，開元四年始来到唐土。玄宗皇帝深為嘉勉，款待厚遇無所不至，以國賓之礼遇待之，不但翻訳很多之秘密経典，殘留了很多的功績，開元二十三年，九十九歲示寂。

其弟子有一行禪師，禪師從北宗禪之普寂出家，研究禪兼学天台於弘景，特私淑於弘景之高弟、繼承教学的惠真，既成一家。善無畏、金剛智之兩三藏來唐，同時師事於其兩三藏学究密教，當善無畏三藏之「大日經」翻譯時，自當其筆受者，更追隨推究經之深義，撰著「大日經疏」二十卷。

我真言宗寺院之祖師堂所奉安之八祖是除大日、金剛薩埵二祖外，以龍猛、龍智、金剛智、不空、善無畏、一行、惠果、弘法，此為之伝持八祖。因為是流伝此真言密教於世間之護持祖師故也。

其伝持之八祖像的特徵是，龍猛是持三股杵、龍智是梵經、金剛智持念珠、不空結外縛印、善無畏右手立頭指、一行是左衣下结印姿、惠果伴童子、弘法持五股与念珠。一見其特徵可直認其祖師是誰、為便利得識別有暗誦要文云：「龍三、龍経、金珠、不縛、善指、一内、惠童、弘五」之句。

此伝持八祖古云住持八祖，此為住持秘密教法於世間、予以有力的祖師故也。弘法大師其略付法伝、对於付法之祖师、如宣布秘密教法有功绩之善無畏、一行之二祖只是添加而已、並無附了住持或伝持的别名。

從而去大师不遠的時代、其會理僧都在東寺灌頂院之壁面、画真言列祖之肖像時、南壁寫阿鑁二字表示大日如来、西壁金剛薩埵、龍猛、龍智、金剛智之四祖、北壁之西方不空、次东壁善無畏、一行、惠果、弘法之四祖、列成十祖。

依此見之可以明白，去大師不遠之時代，付法祖師外、並無獨立之住持，或伝持之八祖。此至建久二年御室之守覺法親王之記錄的「真俗交談記」中始有紹介了住持之八祖、更於德治二年、靜基撰之「密宗血脈鈔」、見到其住持改稱為伝持。

第五章　真言宗之独自性

真言密教是釈尊之成道為契機，起於印度，傳入中國、但其教法是個人的，而止於師与弟子之傳承，並無宗教團体的統制機構組織。此自傳入日本始在思想上制度上，至於具有独立組織体系。此之日本密教独自之構想下成立了真言宗、実乃全賴弘法大師空海和尚之力。

句論、真言宗之名稱是「分別聖位經」為其發源。以真言為宗要及作中軸的宗教之点，与從来之真言密教無異。但其具有具体的之宗團組織点是完全異其趣。

弘法大師何故至於組織新宗團者，即基於恩師惠果和尚之教命「早歸鄉國，以之奉獻國家、流布天下，為蒼生增福」是可以明瞭的。又対於自己所伝承之真言教法是成佛之捷徑，与在来之南都佛教等其選有異故，宣布此新宗教即為人道又為國家，自己深信果能完成此使命者也。

當處大師是大同元年由大唐歸朝，並即將自己請来之經卷等之目錄，共其旨趣予於附記奉進朝廷，其翌二年親謁平城天皇，得到弘通真言密教之勅許，於此始得開創了真言宗。

但是羅馬非一日造成的，大师之真言宗開創於其过程、有幾多支障困难，不能從心所欲，此事於弘仁六年四月、勉其諸有緣大眾．对於秘密經典之書寫的懇請書中；大师自告白曰：「貧道帰朝雖經多年，尚未感到時機，不能廣為流布」云、又大师之弟子們，記述其真言宗開創以來之经过書中道「高於餘宗，教異於常習，此間法匠各各生矛盾，敢不服膺十餘年間，不見其建立」云。

打勝此苦难，活用了一切機会．孜孜不倦不屈，常以秘教之宣揚与其組織化為專念，大师多年之忍苦，遂而得报、弘仁十四年正月，嵯峨天皇使藤原良房，將京都東寺永賜大師。

此東寺是桓武天皇為王城鎮護之勅願寺而建立者，与奈良之诸大寺相等、是诸宗雜住之寺（十方叢林）、但大师卻以真言密教之特殊性、得到勅許、以此為真言專屬之道場、改名謂教王護國寺、常住了真言專修僧五十人。令其学習、大师之新制定的真言独自之经律論与三藏、更養成大师晚年次代之後繼者。確立了每年敎養学徒三人的三業度人制度。

大師著作了「辯顯密二教論」、「十住心論」、「秘密宝鑰」等、对思想上強調真言宗之独自性、外的制度上独立構成根本道場、於此收容敎徒及後來敎養、大师之真言宗是完全日本密教独特之一宗、而整成其面目。

第六章 真言宗之開祖

真言宗之開祖的弘法大師、有稱謂不空三藏之再來、不空三藏之入寂為大唐之大歷九年，即日本之光仁天皇之寶龜五年六月十五日，誕生於讚岐國多度郡屏風浦，父佐伯田公，母出於阿刀氏，幼名真魚，性素富於宗教心，幼時常以泥土造佛像為戲，安置於童堂礼敬。

延曆七年十五歲，從外舅阿刀大足遊，上於當時經營中的長岡之新京，隨大足修習詩文，十八歲入大学，主学經書，其傍暇時常遊於奈良舊都，往石淵之勤操大德處聞佛教，亦嘗授虛空藏菩薩之求聞持法，然其當時之大学是以修身齊家為基本的儒教之教育為終始，到底不能滿足宗教天才之大师，相反勤操大德所授之佛教玄理是正解決謎的人生之鍵，故大师之心暫次深入佛教的方向移動。

時常々被兴而来的藤原氏之勢力壓倒，始自大伴氏以友分家的佐伯一族亦暫々凋落、眼前目臨衰滅的悲運、其反面是見到，得時顏以槿花逐一朝之夢、軽佻浮薄之都会生活，時大師之宗教心湧然達於高潮、遂以「朝市之榮華、念念輕淡、巖藪之烟霞、日夕慕之」的趣向、決然去了都市、以名山靈嶽苦修練行為能事、或登阿波之大瀧之嶽、或勤念於土州室戶之崎、得到幾多尊貴的宗教的体驗。

同時暫々決志入佛道、將大學以半業而退、始自阿刀大足、以及近親知己之反対、延曆十二年二十歲時、遂仰勤操大德為師、出家於和泉國槇尾山寺、名稱謂教海、後云如空、至二十二歲時、於東大寺戒壇受具足戒、法諱改謂空海、曾其入佛道之宣言書二十四歲時所著、即「三教指歸」三卷、此乃大師之處女作也。

其後大師住於奈良之大安寺，瞻眼於所有佛典，默默專心研鑽，但逢著難估之疑惑，乃是否有成佛之可能，依大師當時之南都佛教而言，要費無限之時間，積了無量之因行，否即無法成佛。若果此是事實，成佛之事完全是不可能的，生死之惱是永遠無法解除，果然如是釋尊何故對吾們說示成佛之道耶，又一化五十年之辛苦行蹟而言，此肉身即有可能成佛不違，所以才有如是宣伝，若是可能，即一定有說示此肉身直即成佛的凡聖不二之經典，「願三世十方諸佛，示我不二之法」，也熱誠祈願於佛天，其當時之苦衷大師自告白曰：「經路尚未知，臨岐而幾度泣」云。

其精誠不空，遂而於大和之久米寺感得不二之經典「大日經」。大師以喜耀之眼光，披覽之但不知意義難通之處很多、聞之、國中無人知之。遂決志入唐求法、經勤操大德之手奏聞此、於延曆二十三年五月得到勅許。六月藤原賀能、橘逸勢等一同於難波出發、其七月六日在肥前國松浦郡田之浦出帆、此即大師三十一歲之時。

然在其途中、遇了非常之暴風，应該着陸於蘇州或揚州的船被南流、八月十日、勉強着於福州（今福州讓泉寺山門立有空海上陸之地的石碑）。對此不应着陸而着陸之船、因為福州觀察使是新任、對於事務未慣、其為日本遣唐使而生疑、無論如何都不許上陸、大使、藤原賀能幾次上書都不能解其疑、時大師即代為裁書、送此給觀察使、觀察使一見其書、深為其文章之不凡庸而驚奇、疑念忽晴、一行請於官舍款待無微不至、自此立差特使於西都長安衛待勅命、再度向明州開船、到達於今之寧波、經越州、渡揚子江、依運河等、十二月二十三日、才到達長安、其途中之困難実無法想像。

第七章　真言宗之開祖(二)

到達長安之大師、即宿於西明寺永忠和尚之故院、巡歷其市街、尋訪名師、只探知青龍寺惠果和尚一人、當時大師與西明寺之志明法師、談勝法師等五六人打連、一日訪問惠果和尚。

和尚一見大師歡喜無限、向大師云：「我已經先知汝會來、相待已久了。今日相見、甚好、甚好、報命將盡、付法無人、必速備辦香華、入灌頂壇」。當時大師隨此和尚、六、七、八之三個月、授此真言密教之粹実至実之伝授灌頂

職位、体驗了即身成佛之実相之味得、恰如一器之水瀉另
一器、通过和尚而能得体得了绝妙之法的當体。
然在其年十二月、寒気極強之日、和尚召大師近前曰「我
今此土之緣尽不能久住、乃至、僅見汝来、不恐命之不足
、今即有授法、經像之功亦終」、而慇懃地遺告、其十二月
十五日卒然遷化。
和尚之弟子很多之中、独東海一孤島的沙门之我大師唯
一人授伝最大秘法之奇緣、特别為大衆選出、為和尚撰其
碑文、其中「弟子空海、顧視桑梓即東海之東、想起行李即
难中之难也、波涛万万、雲山幾千、来即非我力、歸即非
我志、招我以用索、引我於用索、乃至、和尚掩色之夜、
於其境界中、告弟子曰：汝尚未知耶、我与汝深有宿契、

多生中互相誓願弘演密藏、彼此互替為師資不止一兩度而已、云云。以之可知其関係非一朝一夕者也。

如斯大師以其翌、元和元年、即日本之大同元年八月離開唐土、十月到筑紫、其翌大同二年入洛、謁新帝之平城天皇、得到密教弘通之勅許、於此至于開創真言宗之曙光露出。

大同四年、平城天皇讓位、皇太子即位、乃是嵯峨天皇也、此天皇聰明廣恒之上而明書道、大師亦其道之成就者故、此天皇即位不久、依勅命書世説屏風奉進、天皇对大師之歸信益厚、对於密教弘通上非常得到便益。

弘仁三年十一月至十二月、大師於高雄山神護寺開了惠果直伝之灌頂壇時、日本天台宗之開祖伝教大師為筆頭而有其弟子賢榮、泰範、圓澄為始、東大寺、元興寺、大安寺、西大寺等之南都之諸學匠等、都均來集受其灌頂、悉執弟子禮。

弘仁七年、大師以修禪道場而開創高野山、其十二年（大師四十八歲）依讚岐之民衆之願大成了万濃池工事、大師之德遍及一世、由此真言密教広為弘通、同時弘仁十四年（大師五十歲）正月、嵯峨天皇、贈賜東寺給大師、永久為真言宗之根本道場、既如一言、日本密教獨自之真言宗才能確立起來。

大師是能書家、秀於美術、巧於文章乃誰都尽知、嵯峨天皇為始、与伝教大師等及當時之知名之人們間往復的文章、現存於「性靈集」、「高野雜筆集」等中放其陸離的光彩。

更可特記者、天長五年、依大師在京都九條所開的綜藝種智院也、日本國中私立之民眾学校的初建者可以說是大師為最初。勿論在大師當時、有和氣氏勸学院、藤原氏勸学院、橘氏之学館院、有如斯之学院、都屬私立、而是為其一族的学校、不屬民眾一般廣為教育的学校、當處大師即建此綜藝種智院、為大眾授与佛教、儒教、道教等及當時之百科学藝遍授之。

大师如是成就了各種大事業後、仁明天皇之承和二年三月廿一日、六十二歲而入定於高野山。

第八章 宗祖与南都北嶺

弘法大師与南都佛教之間、具有極微細的交情、而思之大師不但承蒙勤操大德之推奏入唐留学、已经对於入佛道的出發點，隨勤操出家得度，對於勤操所屬之三論宗之年分度者而言，大概都已受度牒了。又出家後住於三論宗之本山大安寺，在研究三論宗中，迅向當時知名之師學法相。故南都的人們目中認為大師是南都佛教徒之一員，這在大師之「御遺告」可以窺見，「我後生之弟子門徒要以大安寺為本山須兼學三論法相」等即是。

然後弘仁元年，大師補任為東大寺之別當，依來四年間雖管理寺務亦當為普通事情而不怪，大師於此建立真言院宣布真言密教，其四年中，為藤原一門於興福寺之境內建立南圓堂，同十年即於東大寺之大佛殿書金光護國寺之匾額，其十三年於東大寺真言院之境內設灌頂道場，給平城天皇奉授灌頂，更於天長元年，大師主催在東大寺鋪張齋會、其六年、在大安寺為別當管理寺務。

大師對此等之行蹟、南都之佛教徒諸都不敢拒之、不但如此無論陰陽都予以互助、以此足徵之、可知大師與南都諸宗之間、如何地圓滿調和是可以想像的。

因為大師之性格恰似溫容珠一樣的基礎是明白的、依引一二之事例來考察之、唐僧如寶是與鑑真和尚同時來朝、受其和尚之付囑住於唐招提寺、於弘仁四年對於同寺恩施封戶五十烟、大師為此如寶代作奉謝之文書助之、又其翌年、護命的弟子仲繼同樣的眼中人、元興寺之中璟、送豔文給宮女而得幽罪時、大師特為上書啓其博理、令天蒼無暖景梅支何以含「葩」等、請為其赦罪。

更於天長六年、元興寺之護命僧正之八十之賀、大師自作詩並製序、共二三子設茶湯之淡會，不但如此，為護命之弟子仲継給与代作「秋日為僧正大師奉詩並序賀之」。其他如興福寺之玄賓、梵釈寺之永忠等，南都佛教的代表錚々之人物，皆与大師諧調極其和氣藹々者也。

彼之叡山之伝教大師与筑波山之德一的三乘一乘論之法戰、大戒小戒論有關問題，於南都諸宗爆了火花而抗爭時，大師在閑高野山，或行脚於諸國，不敢捲入抗爭之漩渦中，此不是對南都諸宗沒有抗爭問題，若果伝教大師之所謂圓頓大乘戒是不相容与四分律宗之小乘戒者，相同的意義上真言宗獨特之秘密三昧耶戒与小乘戒亦視為無兩立不得。然不敢伝教大師的抗爭態度，盡量調和，避免此顯密二教戒之矛盾，以四分律之小乘戒為出家一般之通途戒而容認之，真言宗獨特之三昧耶戒為入壇灌頂直前所授，言秘密三昧耶戒，其形式与小乘戒無大差，不外其戒之精神內容有異而已。於斯平和親善之間，秘密三昧耶戒亦至於移植到南都佛教之上。

更翻之，比叡山之伝教大師最澄与我大師的關係如何來考察時，最澄是多我大師七歲的年長者，我大師遠在讚岐之田舍十二歲時，最澄已經十九歲，得到桓武天皇之恩寵，於比叡之叡山結草菴，着手開創日本天台宗。

延曆二十三年，最澄三十八歲，我大師三十一歲，俱上入唐之旅程，其當時，最澄已授朝廷封為修行入位，十禪師之一，名声赫灼無比，反之我大師祗是勤操門下之一秀才，都是一位凡僧而已，其入唐後大師之殊勝才能忽為唐土所重、歸朝後之大飛躍、大活動終至凌駕最澄。

弘仁三年、我大師於高雄山寺、開了惠果直傳之灌頂道場，最澄在唐土對於密教沒有專攻故、自以執弟子禮入壇、更借覽大師請來的豐富之秘密經軌、與於書寫等，兩者之關道亦極濃。

然、沒有想到對於理趣釋經有關問題、或最澄之弟子泰範之有關問題突發、兩者之間大概有幾分之疎隔，這是異於元來的立場上、信念上之問題、兩者之間沒有像普通人他所想的障故、沒有像最澄與南都諸宗間所惹的正面衝突。弘仁十三年六月四日，最澄五十六歲失意後歿之。此最澄寂後、我大師以勅賜之東寺為根本道場、張其教勢，法華一乘為宣揚中心之叡山佛教亦不覺中被其勢力壓倒、深以察知離了真言密教、专传尊其時代、最澄歿後十年、即天長八年，最澄之弟子圓澄、德圓、南覚等二十餘人連署再更深地移植密教与叡山、至誠懇請我大师授法。无论如何，我大师之晚年，南都北嶺之佛教悉为我大师教風所化，大师公開「十住心」之教判，以南都佛教之法相宗排为第六位、三論宗第七位、天台宗第八位、華嚴宗第九位、其最高位讓屬於真言宗、但南都佛教中无一人反对、不但如此，最少我大师之生存中、北嶺之叡山佛教亦不敢抗爭、可知大师之真言密教如何地風靡南都北嶺之佛教界

第九章、宗祖与其弟子

真言宗之開祖的大师仰为師主，而对於僧俗一般授灌頂的弟子等若算之、即如彼実慧献書中所云「不論道俗男女尊

受授灌頂者以万算數。其數之多可以想像不难。

特别追隨大师究其密教玄底、継其法灯者亦有相當之數字、所謂十大弟子为称的実慧、真済、真雅、智泉、杲隣、真如、道雄、泰範、円明、忠延、之外有堅恵、道昌、真然、円行、常暁等、誠是多士済々。

此中大师之後継者成為東寺之長者、継承法灯者即実慧、実慧与大师相同、出於讃岐之佐伯家、比大师少十二歳的年少者、初隨南都大安寺之泰基法师修学唯識、延暦二十三年、於東大寺之戒壇受其足戒、私淑於同郷同族之先輩弘法大师、大師帰朝之後、為其弟子、弘仁元年、廿五歳親受大师灌頂、為日本最初之入壇弟子。

泉来追隨大师研鑽、當在開創高野山時被大师所選相其也矣、天長四年建立河内國観心寺、大师常重実慧、承和二年三月十五日、集諸弟子於高野山遺言時云「我滅度之後、汝等宜以実慧為師表・兴我道尊積大徳之力」，附囑実慧掌根本道場的京都東寺、実慧即為其東寺長者而統轄一宗、留了很多的功績後、承和十四年十一月、六十二歳示寂於河内檜尾之法禪寺、後賜予道兴大师諱號。

接此実慧・任東寺長者即真済、真済生於京都・姓紀氏、因為生家代々為儒家、故自幼通於世典、詞賦文藻具秀、於大师門下中以文才聞名、集大师之書翰或文章編成「性霊集」十巻之人、若年而仕大师、天長元年廿五歳、就伝法灌頂職位、依大师遺囑高雄山承讃其経営。

大师入定之翌年、即承和三年、受勅命与真然加入遣唐使之行列上了入唐留學之途、但被風波而漂流海上、終於飲恨空身虛返、其後僧正之官職、擬將讓奉大師以上奏、依勅而追贈大師為大僧正之官、真濟之僧正職亦如初不動、晚年隱栖於高雄山、貞觀二年六十一歲而入寂。

更承真濟之後為東寺長者乃是真雅、真雅即大師之肉弟比大師年輕廿七歲、大同四年九歲時、上京私淑於大師、弘仁十年十九歲於東大寺受具足戒、天長元年為高雄山寺之定額僧、其翌二年三月五日、於東寺依大師授兩部大法成為付法之大阿闍梨。此時面授之秘印、世謂之「天長之大事」云。大師御入定時付屬大和之弘福寺並東寺之大經藏。其後經十五年、嘉祥三年、清和天皇出生、成為其御侍僧、宮廷之崇信篤厚、貞觀六年許以坐輦車入宮中、自古僧影沿世恩典者以真雅為初例。元慶三年正月、世壽七十九歲示寂、御贈法光大師。

比此真雅年長者而中途夭折者、有智泉、智泉是大師之姉的兒子、延曆十六年九歲時、大師伴他入於奈良之大安寺、与大師共事於勤操大德、大師歸朝後常侍大師左右共苦樂、壽僅三十七歲寂於高野山、大師痛惜而慟哭、為此草了噠嚫文、且繪其形像、世之所謂「濟之御影」云。

大師之弟子中、如智泉夭折者固有、又如杲隣(真如親王)、比大師年長七歲、大師入定後尚在、承和四年七十一歲成為東寺之定額僧、更以金枝玉葉之御身侍奉大師、大師入定後不顧其高齡不但入唐、還企入竺、於其途中仆倒的真如親王亦有。

其他於南都東大寺為華嚴宗之第七祖、御來投為大师的弟子之道雄亦有、同是由三論宗投入的道昌亦有、伝教大师最澄之愛徒、御為大师之弟子的泰範亦有、又圓明是紀州人、忠延是京都人、但其事蹟俱不明。

此通観之、大师之弟子中、多為同國或同族、如真雅是大师之肉弟、経営高野山之真然即是肉甥、実慧与智泉即与大师出於同族、道雄与道昌同是同國人。

此等之同鄉同族的人們成為弟子雖支援大师、大师之宗團才有圓滿進展是極其自然、又一方面、大师有容一切、活一切的如温容之性格、才能到處各方面吸收一切人、此等為大师之弟子、大师之宗教亦才有光輝的完成、這在伝教大师的「山家学生式」之制度下、雖然教養很多弟子、但大半部遺去、比較記來可以思過半矣。

第十章 弟子之教育制度

大師當教養弟子是用如何的方針之下、依什麼方法、如何來施行、甚是如何支配至後代等的考慮時、譬如、千年、讀誦、本草、太素（醫書）不知四大之病謂何不得消除。談論、百歲、八万之法藏、不如去調伏除三毒之賊、那有行為裏的教育是無用的、大師即特別強調行學一如之教育。

但人是生於歷史之中、住於周圍之環境中故、大師雖言弟子教育、亦不能無視其時代。大師之時代之國宗教々育是基於文武天皇之「大寶令」為主、「撰定信心深厚之在俗童子、收於寺院教育之」、如弱冠將在俗之童子收容於寺院、其寺之師主前教與主要之書讀經典、將來有出家意願者、以年分度者之候補者推舉於官、課試之及第者、以年分度者而許可得度、遂而受具足戒、更住於所定之寺院、勵於專念行學。

智泉於延曆十六年、九歲而入大安寺、與大師同住勤操、真雅於大同四年、九歲師事於大師、以童子受師主者之教養过程。

而在年分度者、得度受戒之後成為完全之出家人。大師住於高雄山時代、以杲隣為上座、實慧為寺主、智泉為授事、總率一切弟子、大師親為弟子們指導、時而講授大日經及種々之經論章疏。

此事天長元年、高雄山之檀主的和氣朝臣真綱、奏請於高雄山寺常住學修僧廿七人等、其翌二年、大師之弟子之具体、為教徒養成之伝法料、將亡妹之遺產悉數施入等之事蹟來推之、可察知當時之僧教養。

遂而以東寺為根本道場、大師住於此、為東寺常住之定額僧制「三学錄」、令各自以自主的研学大师由大唐請來之特定經律論。淳和天皇敕命造營東寺講堂、果其成功之曉、誓願在此永遠講讀「三学錄」所列之秘密經典、但因經濟上之事情、遂而不能實現。

大师之晚年為自己開創之真言宗維持上、懸念其宗徒教養方法、定了三業度人制度、三業度人者有心以真言学道為本業者三人、亦即每年施設得度三人、其三人即分專攻「金剛頂經」為本業者、專攻「大日經」為本業者、專攻声明即悉曇為本業者、三种各專攻一种。不管南都与北嶺之諸宗已経実行年分度者制度、「真言一宗即起於人法新、流伝年識、独受天恩而後学無所適從、大師予以自己奏上、承和二年正月得到其勅許。

此制度最初於京都東寺実行、但恐尊敬大師私人経営之高野山荒廃、再改奏課試、得度、共在高野山施行、但大師之生前尚未運到、大師入定後、依其遺旨、実慧大徳上奏、承和二年八月二十日得到勅許官符、其九月二十四日、即仁明天皇之聖誕之日、於高野山金剛峯寺、初行之。

其方法是准延暦二十五年正月廿七日之官符、課与自為本業之経論章疏之文十所与義十條、通其五以上為及第、將此上申於官、得度縁同時隨師主得度、更以南都東大寺之戒壇受具足戒。受戒後六年間、住於高野山、依山外不出之龍山制、專攻於金剛頂業、胎藏業、声明業之各一、但其為行学一如之教育、為練行之方法而課与十八道之修法、以学科課程即以「守護経」或「六波羅蜜経」等為依。

実慧大德不但於高野山布設此三業度人制、更於東寺為定額僧之教育、組織伝法会、其已荒廃之綜芸种智院予以沽却、献於丹波大山莊之田園為伝法料田、承和十三年四月二十五日為東寺之修学僧・真雅・真紹・深仁、宗叡等開始「大日経疏之講讃」、其翌十四年四月三日、更正地組織伝法会、於東寺之講堂為定額僧五十人、每年講說真言之経律論疏。

准此東寺之伝法会、當任高野山經営之真然僧正、亦於高野山設置、春秋二季開演而制定式目、依此每年三月一日為始至廿一日三七日間，且書寫且伝授，金剛頂業与胎藏業与声明業之三業法門，此名謂修学会。十月五日起至十八日之二七日間，先正書寫之经論之誤字，續伝授後学之法門，此謂練学会云。

此二会之舉行之間，假定是骨肉近親之者亦不得交座，如是嚴重之提下實修者也。然貞觀十八年真然大德為維持此二会，於紀州購了水陸田三十八町步，以為料田，又為行此二会亦建設寺院云。

如斯，大約六十年間，每年舉行之高野山之伝法会，及至無空之時，雖不得已中斷，於京都東寺以斷續的，維持到堀河天皇之康和二年頃，其伝法会在平安朝末期，依院政時代，由覺鑁上人再於高野山興起舉行。

第十一章 東密之御入唐諸家（一）

大師之後由東寺一門入唐求法者，有円行与常曉及慧運与真如親王与宗叡之五人，此謂御入唐東密五家。

圓行是京都左京人，大同四年十一歲事元興寺之歲榮，十六歲時依華嚴宗之年分而得度，弘仁七年十八歲入大師之室，廿五歲受兩部大法，後御擇果隣為其付法嫡子，承和四年正月，依實慧之奉奏得到入唐求法之勅許，五月六日乘遣唐大使，菅原善主之船入唐，十二月到達長安，此即大唐之開成三年。

翌年正月，至青龍寺，座主義真喜迎於門，導入圓行於寺內，圓行即往拜故惠果和尚之廟塔，捧上本國之信物，代表日本之密教徒，表其孫弟之誠。

時惠果之光辯等，誠拳經文詞尋要義，圓行之答辯如流，集会之諸德皆感歎，其奏於朝廷，為圓行賜与内供奉講論大德之號。遂跟義真阿闍梨研鑽真言宗義，閏正月三日由義真受伝法灌頂職位，更在我大師之靈前，表中國密教徒之敬意，托以种々供物，其他由中天竺之難陀三藏附嘱梵夾並佛舍利等。承和六年十二月，携了數多之經典，圖像法具等帰朝，住於山城葛野郡北山靈巌寺，大為宣布密乘，後，仁寿三年三月六日，以五十四歲而遷化。

常曉幼時，被棄於山城小栗栖之路邊，為人拾去養育云。稍長，師事於元興寺之豐安學三論宗，弘仁六年於東大寺受具足戒，從從我大師受學真言法，天長之初，得到登灌頂壇。

承和三年奉勅擬入唐、遇了暴風而未果、同五年六月、
与圓行同乘遣唐大使菅原善主之船出帆、八月到着揚州、住
於淮南城之廣陵館、至孟冬大使等入京、但常曉不得受入
京之勅許、空滯在其地。
時常有稱謂日本國之入唐僧靈仙之弟子者兩三名來謁、
云他們其師主靈仙、来自日本、學德奮秀、官家珍惜而
不許其歸國、將要臨終之時、命我等、「我艱苦求法而渡來
此土、但恨者太元之法、為國禁關係不得伝到日本、汝等
待本國之人來叩、轉與附之」、我等守其遺言有年、今得逢
師、亦師之願足矣」云、遂將有關太元法之諸曼荼羅、法文
、道具等、悉伝常曉。
常曉雖得法、尚未知詳細之修法、此後同年十二月移住

於栖靈寺之大悲持念院、幸逢不空之弟子惠應阿闍梨之付法者文璨和尚、始得究其太元法之秘奧。更謁華林寺之元照大德、究學三論宗義之深底。在唐年餘、承和六年八月歸朝。

其翌七年移住於山城宇治郡之法琳寺、其十二月、依勅而初修此太元秘法於宮中之常寧殿、貞觀八年十一月晦日示寂。

常曉之付法弟子寵壽、繼其遺跡、成為法琳寺之別當、每年修此法、仁壽元年以此為國典、每年正月八日起至十四日一週間、於宮中之治部省、由歷代之法琳寺別當修此。

第十二章 東密之後入唐諸家(二)

東密後入唐家之隨一慧運、与圓行同是京都人、稱謂安禅寺僧都。大同二年十歲時已有出家之志，仕於実慧大德，曾師事之東大寺泰基法師，並藥師寺之中継律師，弘仁六年十八歲而得度受戒，御專念於法相大乘之研鑽，時常遇実慧大德，問法相之学無論怎麼深廣，成佛即難期，乃若学即身成佛為基調之真言密教之教講，於隨実慧，究其真言密教十二年，遂通達其堂奧。

時依勅命，任鎮西府觀世音寺之講師兼筑前國之講師。

又補任為九州一圓之僧統，此乃是天長十年之事，即慧運三十六歲，師赴任以來，競寸陰而專念密教之研鑽，同時志決入唐求法，承和九年五月，遂辭兩個講師，到肥前之松浦郡，其八月由大唐之商船入唐，可是不幸也遇了會昌破佛之難，艱苦費了五箇年，巡歷各所求法，終於攜了真言經規等二百二十卷於承和十四年六月歸朝。

嘉祥元年藤原冬嗣之女的仁明天皇之女御、藤原順子，依其本願剏了京都山科安祥寺，師為其第一世，貞觀元年、仁明、文德兩帝為追福，於此下賜年分度者三人，愛了很多之寺領田畑之喜捨，貞觀之末年始自上下兩所之大伽藍、塔頭之坊舍達至七百餘字。慧運於貞觀十一年九月廿三日，七十二歲而示寂，但其徒至第十一世宗意之時，樹立了事相之一流，為安祥寺流之本山。

次真如親王，初名謂高岳，平城天皇之第三皇子，大同四年，嵯峨天皇即位立為太子，但其翌，弘仁元年藥子之亂之禍遂廢太子，沒有幾泊遂我大師出家，改名為真如，參予稱遍明，遂而學法相於修圓，攻三論於道詮等，後參叡於我大師、更添兩部阿闍梨位灌頂，成為十大弟子之一。貞觀三年，自己所疑為不能解決故志於入唐求法，奏請得到勅許，同七月難波出發，九月到肥前之松浦，於此滯留造新船，翌年七月，宗叡、禪念等六十餘人一同出帆，九月到達明州，途中歷訪名僧知識，此費了三箇年之歲月，大唐咸通五年，即日本之貞觀六年五月，入了長安，留錫於西明寺，遂而遭青龍寺之法全阿闍梨，請解決了自懷之疑難，但阿闍梨無法闡啟。為此親王更決志入竺，得了勅許而赴准閣，同六年正月發於廣州，上了入竺之途，日本國人企入竺者，實以親王為最初。此時之親王年齡當然不必知，若果追算記錄，廢太子時已經有善淵，安貞之二子，假定是廿歲，咸通六年即非七十八歲之老齡不可。以此老齡而上了入竺之壯途、途中在羅越國仆倒、誠為悲壯之極也。

更有德入唐僧正之稱的宗叡、与圓行、慧運同是京都人、大同之年生，年十四登比叡山、隨十禪師載鎮得度、天長八年受具足戒，遂跟興福寺之義演学法相、後再度扇叡山、依座主義真究其天台宗之大義、跟圓珍受兩部之大法。後移住於東寺、師事於実慧、学金剛界之大法．礼真紹伝阿闍梨位灌頂。

貞觀四年、真如親王共時入唐、謁卅之玄慶受金剛界之灌頂、遂登五台山巡礼聖跡、更往長安青龍寺受法全和尚胎藏之灌頂並究学其深底。和尚付囑以金剛杵及儀軌為信物。又承慈恩寺之玄造、興福寺之智慧輪等伝於秘法、更生活踏、請益無畏三藏之故院、受其遺物、在唐三年、貞觀七年十一月歸朝、請來之經軌一百三十四部、一百四十二卷、及法器等、納於東寺之經藏中。

元慶三年五月、法親王創立圓覺寺、請宗叡為戒師於此落飾、名稱素真。同年冬宗叡即補任為僧正。扈從上皇巡歷近畿之名山佛閣、要了義多之教化後、同八年三月廿六日七十六歲、寂於禪林寺。

此等之後入唐諸家、依之請來新秘密經軌凡載故、貢獻東寺一門之教學幫助莫大、又一面此等諸家亦受惠果以後中國所發達之義真、法全、造玄等之異流密教故、造成他日東密一門之秘密事相分派、惹起稠論之淵源。

第十三章 台密与东密。

東寺為根本道場的弘法大師之密教稱為東密、於叡山天台宗之弘通的密教為台密。

此台密雖開祖是法華圓教合併真言密教弘通之傳教大師最澄、最澄為叡山之第一座主、至於第二座主真義、第三座主圓澄，完全立於東密之下風、推其後塵卻無之。

然對此而不覺厭煩的慈覺大師圓仁、於承和五年六月、與圓行、常曉入唐、十星霜完全費於求法、承和十四年、當於歸朝時、請來了東密未傳之蘇悉地大法、並熾盛光之法等、依此挽了台密之權自性、次第始得了自皇室、王公貴族之尊信、至於翻揭台密之教幢於比叡山上。

繼而仁壽三年、智証大師圓珍、又入唐在留六年、精研秘密教法同時得到、經律論疏、梵夾、目錄等四百四十一本一千卷、道具、法物等十六品、天安二年廣朝、受皇室之尊信暫厚、遂貞觀六年七月、於仁壽殿上始奉清和天皇、藤原良房等授与灌頂、後而講「大日經」等、台密之勢盛得到至上之顯揚。

如此台密得來勢力同時對於東密為自己之立場為明白的必要上、次第組織了台密之教判。東密對顯教一乘与密教一乘為差別，而台密是以此兩一乘為同一。此台密之判教思想、經圓仁、圓珍、至安然、一佛、一時、一処、一教也完成四一教判、一切佛謂名一佛、一切時為一時、一切処為一処、一切教稱一教、統攝十方一切之佛教之処、即為台密之特質。

此以相承血脈上考察時、東密即以大師之付法傳」為基、兩部大法集論如何都以「大日、金剛薩埵、龍猛、龍智、金剛智、不空、惠果、弘法」用兩部尊系之血脈為主，而台密對此是以海雲、造玄之所說為准、胎藏是大日、金剛薩埵、達磨掬多、善無畏、玄超、惠果等為順序，金剛頂部即以大日、金剛薩埵、龍猛、龍智、金剛智、不空、惠果為順序而以兩部不等系為基本。更在東密是「大日經」與「金剛頂經」之兩部大經之外不立不二經典、台密即兩部大經外以「蘇悉地經」為不二經，構成三部以為特徵。

然東密與台密各自要其教系，雖然教判亦異、但此東台兩密之間、互相交涉關連之處亦不尠。

因為台密之開祖傳教大師最澄已經受過弘法大師灌頂、不但傳受東密之法，於大師以後、東密密之入唐者、圓行、慧蓮、宗叡之三师与台宗之圆仁、圆珍相等、都是在中国受義真、或法全等伝法、所以相通之处多矣。特别如宗叡入唐以前、已经随智证大师、圆珍、受台密之灌頂、貞观七年由大唐归朝、自等之法流伝禅林寺之僧都的峰斅、峰斅是延喜年间、伝于叡山之座主、増命、増命更将此伝给东密之宽平法皇、法皇之付法的宽空又伝给台密之皇庆、如此东密与台密之法流互为交错者也。

其他台密之増命受东密之观贤灌頂、又东密之觉鑁是受三井之觉猷伝台密、特者叡山之慈惠大师、良源等知圣宝、观贤所伝之秘法可以治摂怪物有灵验、欲受此学、因为观贤已逝故、欲往寻观贤付法之石山淳祐而恳请努力、淳祐固辞不应、不但如此、良源不屈、风雨无阻每日戴斗笠

穿草鞋、住石山寺一百天、一日不息，淳祐為其至誠所動
遂伝於东密之大法，授与良源。
无論如何，为得法験不减东密台密，对其所伝予於理会
味得，以身去体験之处，当時之高僧的確具有其意氣在。

第十四章 東密之發勢

大師之後，实慧之觀心寺、真雅之貞观寺、道雄之海印
寺、真紹之禅林寺、道昌之法輪寺、圓行之灵巖寺、慧運
之安祥寺、常曉之法琳寺、宗叡之圓覚寺，各自应其境遇
、以其檀越為背景，各々建立寺院，各依其立場、為密教
而昌隆，大張教線，拡為宣伝，但都是各々分散孤立，不
能成為集团發揮勢力。
然宇多天皇踏了清和天皇之芳躅，寬平九年讓位於醍醐

天皇後，昌平二年以東寺長者，益信為戒師而落飾，延喜元年，以益信為大阿闍梨在東寺之道場受兩部之灌頂，其四年，御室並圓堂構於洛西之仁和寺，而遷御，為東密之一阿闍梨，營了僧的生活，此天皇之法諱名空理，亦稱宇多法皇，亦謂寬平法皇稱之。

其後御室仁和寺即以皇子皇孫相繼相承，法皇之德化所洽之貴族弟子，諸鄰身投僧內，蝟集其周圍，殊者法皇付法之寬空，住於嵯峨之大覺寺，寬空之法資的寬朝，開創了廣澤之遍照寺，住於其處故法化延及近郊，以御室仁和寺為中心，廣袤數里之間，堂塔並甍，圓融寺，圓宗寺，喜多院，大教院，佛母院，無量壽院，教王院，保壽院，華藏院，尊壽院，西之院，菩凡白之院，家子院，都連軒是現龍象以遍滿盛观、至東密寺院之集團社会現象。

・又寬平法皇之時、与益信相併而拡張東密教勢而尽力者有理源大師聖寶、聖寶是真雅之法資、富於道念、時而慕役之行者小角之法風而跋涉灵山大嶽、刻苦修練行、開了修驗道之基礎の貞观十六年、創建醍醐山於山城之宇治郡。以法驗之顯著、始自醍醐天皇以及集朝野之尊信於一身。延喜四年依勅於准提堂修求兒之法、灵驗不空、朱雀、村上二帝相継誕生、醍醐、朱雀、村上之三帝、深於帰信而建堂塔、施入莊园、大為教風之宣揚尽力。

而此醍醐之山上山下建了許多之子院、又於近郊有入唐僧惠運建立之安祥寺一派、更有醍醐天皇之生母的藤原胤子之遺旨、依之將祖父宮道彌益之旧邸改為勧修寺、以此壽之大寺為中心、於洛東成立了東密之集團。

殊以聖寶之法資觀賢、天資聰敏、人稱謂文殊之化身、於陰於陽助其益信及聖寶、努力恢揚宗運、終據宇多天皇之扉入東密、主賴師之力所負為多云。但東密之教勢恰如御室、醍醐、高野一樣、對立各地、暫呈亂了統制之東密教團、離開根本道場東寺、於各自一方為主之據而慨之、觀賢特別在宗政上之一大統制而努力。

為此彼於昌泰三年替天台宗之幽仙為仁和寺之別當、同時亦為東寺之凡僧別當、延喜九年補任為東寺長者、其十八年兼東大寺之檢校、其翌十九年補為醍醐寺座主、亦為高野山金剛峯寺之座主、一人占各方面之重職、於此計劃一大統制、但觀賢之材幹与德望之所據、到當都有非凡之功績的成就。

第十五章 東密之分派(一)

由益信、聖寶、觀賢等之力大為發揚宗運，東密的氣勢暫々伸張的同時，伝此之門下法孫的特質与環境之相違，由此大師之法流分為小野、廣澤之根本二流，而衍變成十二流、三十六流、七十餘流等。

因為什麼至如斯分派耶？其分派之原因依古來所伝，大師之門下中有實慧与真雅之二法流伝至御代，其他皆斷絕了也。其二流中實慧之法脈伝於其正嫡弟子、禪林寺之真紹，真紹伝給其俗甥之宗叡，此宗叡幼登叡山，出家而学天台於真義，更跟圓珍究台密後，歸於東密成為真紹之付法者，与真如親王入唐，依法全等伝兩部不等葉之密教故、自然带有台密之倾向、只伝大師之法流兩部等葉之真雅、真然有異其趣。

然南都之兴寺之護命之弟子、学究法相宗後転入东密、受其住於平安右京之南池院之源仁、均师事於真雅与宗叡法流、才根本的統一实慧与真雅之二法流。此源仁之門下有益信与聖宝、授益信者以实慧、乃至、宗叡為法流、承聖宝者以真雅直伝為法流故、有包容台密法流与不然之二流、即至今為廣澤与小野二流。

但此说果然是事实与否、於此有再吟味之必要の思之、於中國之惠果之相伝、有兩部等葉与不等葉的樣子、我大师与圓行所伝都属等葉之血脈、後入唐宗叡並台密之圓仁、圓珍所伝、即俱兩部別伝之不等葉。於中國惠果之後、特別強調不等葉說、海雲、造玄、法全、都均以此為基本。師事此等之日本國之圓仁、圓珍、宗叡、都以不等葉為主也傳承。

此等之後入唐諸家之傳來新說、直接或間接都當時風靡了思想界是不爭的事實。此不止於單為益信之系統廣澤流為限，以兩部大法各別相承，金剛頂部是、大日、金剛薩埵、龍猛、龍智、金剛智、不空、惠果、弘法為八祖相承。胎藏部是大日、金剛手、達磨掬多、善無畏、玄超、惠果、弘法之七祖相承的兩部不等葉說是小野流比廣澤流為多。觀賢將此血脈傳於淳祐、一定以來、小野流都以此不等葉說為最極秘密也相承著。依此點看來、嚴覺受台密之影響者、聖寶之系統之小野流都比益信之系統廣澤流為甚者而彼不等葉之印信亦不限於小野流，廣澤之寬空伝給小野之元杲之印信，都是兩部不等葉印也。元杲於廣澤流伝等葉血脈外傍伝不等葉之相伝、但至鎌倉之末期、清算了此傍伝、只用正伝等葉之血脈、而宗叡等之相伝的台密不等葉之用与否、依之分為小野与廣澤二流之古來伝説、早已不可信者也。

第十六章 東密之分派（二）

蓋東密之法流分為小野与廣澤之根本二流並非單是教義上之爭，或法流上內容之關係。完全是基於東密之教團勢力，分為御室仁和寺為中心之洛西派与醍醐一山為中心之洛東派之二大分派的結果。

正如說明、宇多天皇以益信為戒師而落飾，以東密之伝灯者君臨於御室仁和寺以来、代々以金枝玉葉之御身来继承法脉・来集此者都是出於名門貴族・自然形成名門派、或云華胄派之密教、所謂洛西派之東密教団。反之如醍醐一山之開創者聖宝、其继承者观贤、都是以法験家及宗教天才出身・不然是名门身分、從而没有像名门華胄派一樣弱年浅陋而得显荣之地的便宜、都招聚了此等之俗權、依遊於自由天地的高材逸足之士亦不乏其人。又對此庶民法験家之德的仰慕而来集之门下生、不觉中形成了醍醐為中心之洛東派之東密教団。東対立名门華胄派・但尚未至公稱謂廣澤派、小野派之派号。而華胄派由益信、空理、寬空而经至寬朝之時。庶民派被聖宝、观贤、淳祐、元杲、经至仁海之時、於此才有公稱庶民派為小野流、華胄派（貴族遂為廣澤流。

其中仁稱謂廣澤流之寬朝，當是宇多天皇之皇孫，為仁和寺之別當，同時管東寺西寺，當時亦謂國中第一声明家。又是法驗家，或以為聽朝之國師，得朝野無限之尊信，開創于廣澤之遍照寺而住之，四方來集之門下甚多，遂而自益信，法皇以來之所成謂名門華胄派之東密發展，終以寬朝之所在地名，將其廣澤至於稱謂廣澤流了。

至此，洛東之廣民派之系統所屬之仁海，晚於寬朝三十九年之後輩，但依勅而祈雨者九次，常有發揮靈驗，被稱為雨僧正，開創小野之曼荼羅寺，於此教養學徒，相傳仁海擇師百人學密法，傳法千人，可推想得知其來集門下出之多。此等之學徒以醍醐為中心形成洛東之一角，廣民派之東密教團，以仁海所住之地名稱謂小野流，這都是自然之趨勢了。

更此小野、廣澤之根本二流分為十二流等，決非教義上之爭為起因，大概都為修法祈禱上，於靈驗之現得的見地、對於最有効驗之儀軌次第、或秘義口訣之傳承為尊，各各隨其師之傳授，於集此之結果，自然與他有異，以致各各形成一流派的樣子。此之傳授弟子秘法，師當以詳察弟子之器，自己之意樂為原則，其授法有彼此之差別，至其結果，其付法之弟子各自以所傳為最極，為正嫡，而逞其高調者。更以另一面而觀察之，一或二都以祈禱之法驗為能事，其當時之社會情勢都是欣慕此者也。今將野澤諸流之根本系譜列之於左。

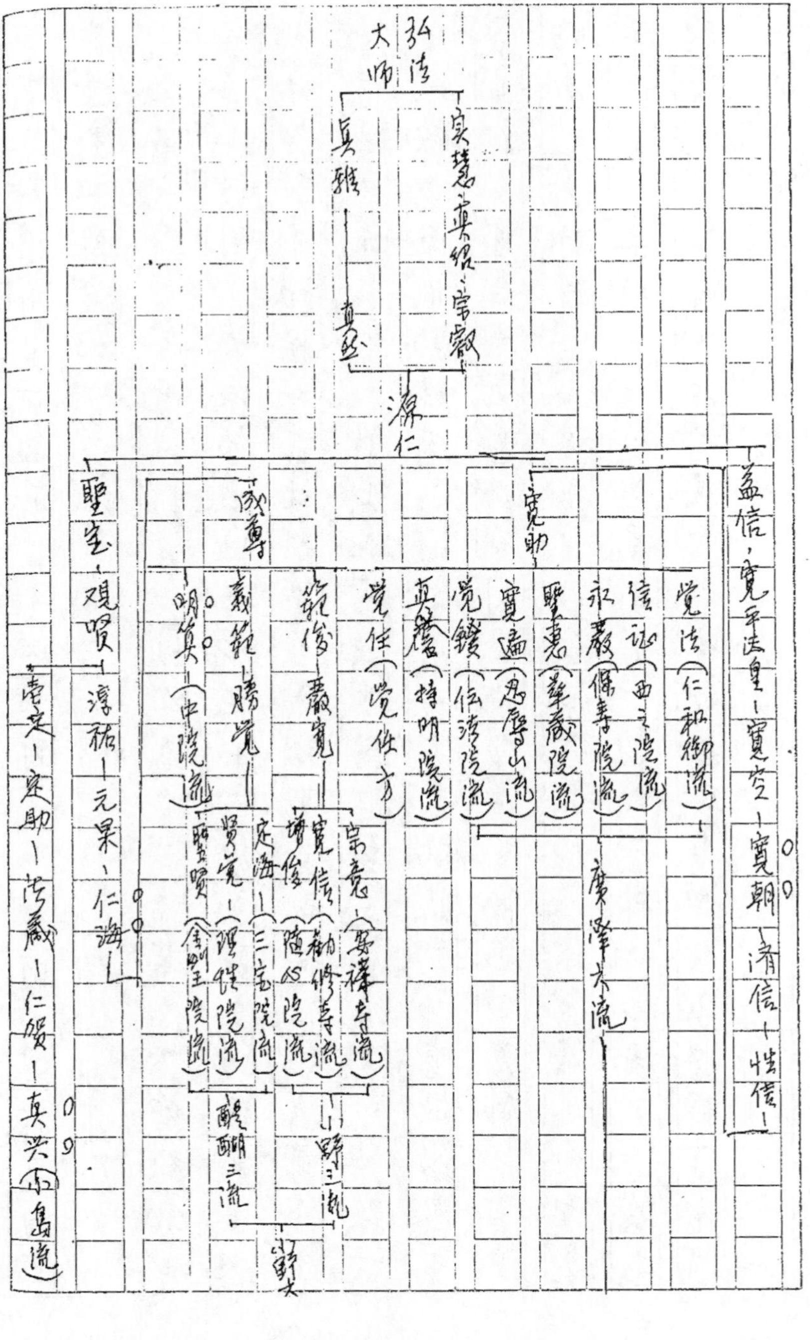
弘法大师
実慧
真雅
真紹
宗叡
源仁
益信
寛平法皇
寛空
寛朝
済信
性信
覚法（仁和御流）
信証（西院流）
永厳（保寿院流）
聖恵（華蔵院流）
寛遍（忍辱山流）
覚鑁（伝法院流）
真誉（持明院流）
広澤六流
聖宝
観賢
淳祐
元杲
仁海
成尊
義範
勝覚
範俊
厳覚
明算（中院流）
宗意（安祥寺流）
寛信（勧修寺流）
増俊（随心院流）
定海（三宝院流）
賢覚（理性院流）
聖賢（金剛王院流）
醍醐三流
小野三流
小野
仁賀
真興（小島流）

第十七章 野澤根本十二流

小野六流与廣澤六流合之為野澤根本十二流、其中廣澤六流者、仁和御流、西之院流、保壽院流、華藏院流、忍辱山流、伝法院流、但是御室仁和寺之成就院大僧正寬助之下所分、同分之流祖均持明院之真誉、般若寺之覚任、普通都除之不算、只冀京洛為中心之著名六流、以此為根本。

(一)仁和御流、此法流異云仁和寺御流、亦單謂御流、此法流是白河天皇之第四皇子、寬助僧正之法資覚法親王為流祖、親王為父君白河法皇之崩御而深以哀悼、於大治年間登高野山、建光台院以為禪居故、此親王亦稱謂高野御室、此親王之正嫡有覚性親王、是鳥羽天皇之第五皇子、初任日本總法務之官，統攝全國諸宗，其勢力凌駕東寺長者，由此仁和寺極其隆盛。

(二)西之院，此流以堀池之信証為開祖，信証是御三條天皇之皇孫，通達事教二相，於教相著有大日經汗栗駄鈔七卷之佚書之著作。此法流後出宏教派流甚榮，分派生出元瑜方與能禪方。

(三)保壽院流，此法流以永嚴為開祖，永嚴是下野守平師季之子故，永嚴亦謂下野之法師。建保壽院於仁和寺住之後，移於高野山建平等院籠居故，師又謂平等房，其著有圖像鈔，此亦謂十卷鈔。弟子有覺印與覺成。

(四)華藏院流，此流祖是白河天皇之第五皇子之聖惠親王，親王住於仁和寺之二子院的華藏院，後移住於高野山，仁御光覺法親王之法脈。又幫助覺鑁上人創建仁法院的人。(五)忍辱山流、此法流以寬遍為流祖、寬遍開了仁和寺之一子院的尊壽院故、此法流亦稱尊壽院流、後於大和添上郡再興忍辱山圓成寺住之故，亦稱此法流為忍辱山流。(六)仁法院流、此法流為新義真言之派祖、興教大師覺鑁為流祖、此流根來廣城之後、住於仁和寺真光院之經瑜、代々相承於仁和寺、在仁和寺真乘院孝源之時、繼承於豊山之卓玄等、永素為新義豊山派之本流至今日。

以上對廣澤六流、而小野六流者、安祥寺流、勸修寺流、隨心院流、三寶院流、理性院流、金剛王院流，狹初之三流之意味為小野三流、後之三流為醍醐三流、此總稱謂小野六流、此小野流狹醍醐三流的小野三流之分派者、因於成尊之付法弟子、義範與範俊之爭嫡處問題而來。

(一)安祥寺流、安祥寺是從入唐之慧運所開創、其後慧運之法脈絕、寺運衰退、其當時勸修寺之長吏、嚴覺之嫡的付法弟子宗意中興此寺、成為安祥寺流之祖、此宗意之後經九代至興雅之時、尽將此法流之源底悉傳於高野山宥快、宥快之後更經九代、高野山南院有良意、跟此良意究其法流之最極、比較與諸流、照於教相、新興隆此法流者即是淨嚴。此淨嚴之法流謂新安祥寺流、或云新安流、以前之安祥寺派謂古安派云。又此法派自稱御簾派。此御簾之者由內可以看外而由外不得看內、如掛簾一樣、任此法派之內的人可以窺看外他派之內容、外派不能看此派之內容的理由、而誇稱者也。

（二）勧修寺流，此法流是寛信為流祖，寛信不但究了密教之事相之奥蘊，通於法相三論之学，兼兴福寺別當之人，其著有「類秘鈔」等，此勧修寺至室町時代，後伏見天皇之皇子，寛胤親王継承以来，以親王代々相継續。

（三）隨心院流，隨心院原是由仁海開創之曼荼羅寺之院室，增俊住此而将已経廢頽之曼荼羅寺改為隨心院之号，由自己創始之法流謂隨心院流云。

（四）三宝院流，此流是醍醐三流之隨一，以定海為流祖，定海是三宝院之開基，為勝覚之正嫡而相承法流。同時有是三宝院之第二世，勝覚之法流外，更跟小野之範俊並其弟子良雅攝取其法流，於此至創出三宝院流之一流。此之三宝院流門葉甚榮，其分派亦極多。

（五）理性院流、此之法流之祖是賢覺理性房、此法流又稱五心院流、元來理性院是醍醐之一子院、原是賢覺之父、賢圓威儀師之住房改為寺、賢覺自取其字來号謂理性院、賢覺由其師勝覺承了大師御筆之准提觀音、並及宝珠曼荼羅之重宝、同時授了牛黃加持之秘訣、於此以至創出一流。

（六）金剛王院流、此法流之祖是聖賢、聖賢是理性院賢覺之胞弟、聖賢又稱三密房賢仁、資性勤勉而究盡密教之秘奧、於醍醐創金剛王院、教養門下、於此開創一流。

此等小野与流之外与範俊、義範、同等為成尊之付法弟子、明算創始中院流、明算是為高野山興隆而發念願、天喜六年起至延久四年、前後十五年間、往來於小野与高野山、並傳真然相承之秘訣大事、為高野山大師直系而成一流規模。如斯小野、廣澤之根本二流、各々分成十二流等、其分派之風潮益增其勢，遂入鎌倉時代成了三十六流，更於室町時代之中頃變成七十餘流，但三十六流、或七十餘流等、依其法名而已々不甚懸違、亦無有一定之法依。

第十八章 高野山與觀賢

高野山金剛峯寺是為大師修禪之道場而建的一私寺、後奉朝廷為御願寺、自大師得到高野山開創之勅許時之弘仁七年至其御入定之承和二年、大約廿年間之苦心經營、伽藍僧房之輪廓、略有整頓、但導致達到完成之域乃要賴大師之徒弟的真然之力。

真然為不辱大師之遺囑的念願之下、專心當於高野山之經營、同時似乎亦向外廣為宣傳此高野山之威靈，從而於元慶七年七月、真然為東寺之第二長者時、參內而在陽成天皇之勅問而答曰：「高野山是前佛之淨土、御佛之法場、諸天日日擁護、星宿夜夜守護、一次運步於此、無論什麼罪障都能消滅」等也強調高野山淨土之旨趣云。其翌八年、補為東寺一之長者後、在住於京洛東寺之時為多故、觸時在機、對高野山廣為紹介於世。昌泰之年彼宇多法皇與益信登山於高野山、完全是於當時之山岳崇拜思想以及此高野山淨土思想、構成於朝野之間的結果。

如斯高野山暫向發展之運。真然後經壽長至無空之時、不幸惹起東寺長者觀賢之間的三十帖策子問題。

三十帖策子者、大師在唐之折、得橘逸勢等之助、自筆書寫請來之經軌三十帖之事、此納在東寺之寶庫以宗寶而保存者。然而高野山之真然為此借覽上遁身於高野山，遂而不返却東寺，將此伝給弟子壽長，壽長伝給無空，謂何真然將此不返却東寺，伝於高野一山者，東寺側之記錄与高野之記錄雖各異其觀察点。但觀賢為東寺長者，以统制主義上無論如何都要謀取回收東寺，延喜十二年長者觀賢奏東寺諸務，其十二月送使者往高野山，迫其送返三十帖策子給東寺，知無空不肯，於此奏上寬平法皇，以此法皇之院宣，於延喜十五年十二月再次至其督促，但無空即不欲將此師資相承之法寶提出一山，又恐逆院宣而先行院宣之前，帶此策子及門徒遁身離山。

何故至於離山之舉者，當時公家之信仰即以王法及佛法是一体故，佛法破滅即是王法之崩壞，法滅即寓意王法之廢頹、雖然表面恐皆隱實而離山、實即意味着正法之滅亡而離山擬令其改隱實為策、但此對策終於不能奏功。

於此高野山的前後処置、觀賢是真然之弟子、又是聖寶之付法、同時自拔其同法者之內供奉十禪師峰禪、補為高野山座主、真然之殘党不服此峰禪之結果、於延喜十九年春、辭其座主、東寺長者的觀賢自己兼高野山座主、從來數百年間東寺長者兼攝高野山座主、迴收處處分散之三十帖策子、納回於東寺大經藏。

於此之先、觀賢看其大師後輩的台密之圓仁都已經賞示其大師號、而東密之開基之根本祖師尚未賜大師之諡号、而經寬平法皇之手於延喜十八年八月十六日奏請諡号之降下、而皆無勅許、更於十月十[illegible]日与十六日兩次、重行奏請、為山徒之妨害運動未達其目的、遂於延喜二十一年十月、又再兩次奏請之結果、感為醍醐天皇之靈夢、其二十七日始有謚為之勅許、觀賢與勅使同時、捧其謚號之宣命並更衣一領登於高野山、親自開了定窟拜其聖容、親手為之剃髮著新衣。如斯大师之入定當身聖化了高野山、成為現身之淨土、此信仰支配了後代幾百万之信徒、其為淵源乃歸於觀賢之勝計是得到肯定的。/

第十九章 覺鑁与高野山

三十帖之策子問題而無空帶門徒離高野山以来、一山盡歸荒廢、雅真檢校或祈親、明算等之先德都種々策画、但止於院宇之修繕或一山之經營為主、既已廢頹的學業都不及復兴。此暫入院政時代、大約二百年間中絕的高野山之伝法会」才由覚鑁上人再兴。

覚鑁上人於堀河天皇之嘉保二年、生於肥前之藤津庄、十三歲入於京都仁和寺、謁成就院寛助,成其弟子同時遊於南都学練性相、天永元年十六歲再歸住仁和寺、從寛助剃髮、永久二年二十歲始登高野山、隨青蓮院之青蓮、最禪院之明寂、並宝生院之教尋等研鑽不怠。二十二歲以後修求聞持法及八次、不得悉地、遂於保安二年十月於醍醐之理性院由覚賢授秘訣,其翌三年七月二十日當此起首發八大願,其第八願即「撰集真言宗之章疏、續密教之壽命、開行者之心眼」云云,对此有関修学練行之上人的真誠态度都感激了義多的識者,特别是宝生院之教尋見上人之非凡大為期待而激励上人,上人亦感奮而於高野山建伝法院開伝法會、依此恢弘密教，挽復興高野一山。

又時常登山之聖惠親王之斡旋，仰鳥羽上皇之庇護，其年五月，於高野山創建小伝法院，此置学衆三十六員，而暫次增加学衆，因之院宇狹隘，重新奏請大伝法院之建立，蒙受勅許，天承之年着手営構，其翌長承元年完全落成，當時十月十七日仰鳥羽天皇之臨幸，以壇池之信証為尊師挙行落成式，其夜衆学相集而修大伝法會。

此大伝法会之実修，学徒隆林，大張高野山之教勢，上人又接真然之遺旨，企画高野山之独立，奏請於鳥羽天皇結果，解其東寺長者定海之高野山座主之兼攝，長承三年五月上人以同州的持明院之真誉補任為金剛峰寺並大伝法院之座主。

然至其冬十二月、鳥羽上皇以院宣而免其持明院眞誉之座主職、以上人為任大伝法院兼金剛峯寺之座主職、更将削眞明眞之付法弟子良禅之検校職、授与上人之門弟之信恵上座。此乃是大檀越的鳥羽上皇之力、同心協力而努力隆盛高野一山之外、似乎另有不純之動機、此被局外者種々邪推、為此上人買了金剛峯寺方之反感。

以處置此上人的金剛峯寺方之大衆、完全認為是横領一山之陰謀而不服、又京都東寺之大衆亦認為破壊基於大師之御遺告的東寺長者兼高野山座主之舊規而甚反對、遂於保延二年、東寺一派之僧綱十四人、有職八十三人、並高野山有職四人、一味契狀之上、着法衣、捧香炉、陳参一列捲奏朝廷、其結果、不得已覺鑁上人削了座主職、還補東寺長者定海、如原之高野山座主、免其信恵之検校、至於補任真誉。此事以来上人即出居於密厳院耽於禅観、完全不面接任何人了。

然對上人反感之金剛峰寺方之衆徒拟以出居密厳院之上人為僭越大師入定、見機要襲伝法院、悪知此之伝法院方求援兵於源為義、為義誓此子々孫々守護伝法院、探知此之金剛峯寺方於保延六年十二月七日、託其相賀之地有関之争論、集諸庄之兵、其翌八日、遂而襲伝法、密厳之両院。伝法院亦指揮帯甲冑之番士以迎戦但不利、上人以大治之年逃至曾拟建立之一院之根来、金剛峯寺方即乘勢破壊伝法院方之八十餘坊、追放六百餘僧。

其後經四年、康治二年閏七月、伝法院之学頭、兼海同座主，神覺等、申請院宣、追訴常住高野山、但與金剛峯寺方和議不妥、其年十二月十二日、覺鑁上人以四十九歲為一期示寂於根來圓明院，此上人仰至新義真言之祖、東山天皇之元祿三年十二月十六日、賜謚號為興教大師。

第二十章　新興佛教之真言宗。

掉尾了高野山的覺鑁上人之活動、同時亦閉了平安朝之幕，展開了完全面目更新的鎌倉時代、此時政權由京都移動於關東、公卿中心之世界，一轉為武士中心。

當此社會革新之時，恰似目擊了衰滅滄桑極凄凉的光景之人們，都感到人生之無常觀、心馳於永遠之來世為欲求淨土之思想、而得到安慰之風潮暫高，乘此氣運，興起源然及親鸞之淨土教、以非常之勢而傳播於庶民之間。

而寄志於生死之間為打倒敵人為本能的武士而言，這种感傷的消極精神之淨土教却感其過於弱，自然欣取以上之精神修養為基本的剛健質實之宗教，時常以入宋之榮西或道元的教外別傳不立文字為基調，立於生死的嚴頭而超越生死之教的禪宗，至此暫伝於武士之間，武士們之心不期而集，連幕府亦援助其興隆故，忽而至禪宗為武士專屬之宗教。

其未來主義之淨土教与不立文字之禪宗，即以應時之要求風靡一世之信仰界，又幕府之根據地之鎌倉、京同時由日蓮提唱了法華宗，此法華宗具有極其排他的傾向故，其上被加种々之迫害，但一方面有其主張的立正安國論適合當時復古的國粹思潮，因此亦擁有非常之勢弘布於一般界。

為此新興宗教所刺戟，如代表平安時代之佛教之真言宗亦大為覺醒，進出關東方面，大張伸其教綱，對各種角度來刷新其氣分，即廣澤方，西之院流之中興的宏教下向於關東，居住於鎌倉雪之下之無量壽院，其門下出能禪與元瑜之駿足，能禪住於相州金澤之稱名寺為能禪方之祖。元瑜留錫於鎌倉雪之下淨國院為元瑜方之祖。又醍醐之成賢門下之意教上人，賴賢是應鎌倉將軍賴經之招，在其雪之下開了常樂院，於此教養願行、慈猛、證道、義能之四哲。各々出了願行方、慈猛方、證道方、義能方之四祖。更有意教上人相等之成賢門下所屬之守海是住於鎌倉佐々目谷之遺身院，經其付法的賴助，出了東寺教學之基盤的自性上人、我寶。

今以御室一山而言，鎌倉時代之極期，有日本總務之官之守覺親王，威勢壓倒四隣，現出仁和法流之黃金時代，醍醐一山，即有勝賢、成賢、憲深等之高僧，法流繁榮，從而分出三十六流之分派。

但東密之權勢分立仁和寺與醍醐寺而根本道場之東寺，亦覺漸至衰運，加經保元、平治之亂，為平氏之專橫，到處都莊園被奪，境內之一部被押領，不得已而趨頹廢，入於鎌倉時代建久年間，有文覺上人企畫大修繕，於弘安、永仁之頃，有願行上人憲靜，盡力為其修造，於德治、延慶之時，後宇多法皇依其御願，有施入許多之領地，建立了觀智院、寶菩提院等之十五支院，常住有二十一人之定額僧，至此才復其舊觀。

此時代於高野山等見到真言教學之振興乃不外全被其當時之社會情勢所刺戟的結果、不但是教學問題、在真言宗徒之中亦有對其僧風之頽靡而非常感嘆、邁進其淨化之者輩出、其中如俊芿、正治之年入宋、來傳南山律、於京都興建泉湧寺、於此飄揚其律幢、如叡尊、赴東大寺登得自誓自發大戒、德化普及五畿、即為後嵯峨、後深草、龜山、後宇多、伏見之帝師、以南都西大寺為根本道場、開真言律宗。更又於北朝時宗之權勢時、際會自蒙古襲來之國難、自然喚起國粹思想、伊勢神宮等之神社崇拜亦特盛起來、乘此氣運、真言宗徒之中、已生出神佛習合思想之高調。此予以教理的而組織、以伊勢之內外宮、如次作胎金兩部之曼荼羅、所謂大成了兩部神道、將密教予以國粹化、大衆化、不忘更生於各方面。

如斯於鎌倉時代之新兴宗教的禪、淨土、律、日蓮等与既存宗教共栄，此等或在某点互相融合之，協調者乃自然之事，殊乃富於包容力的真言密教起了協調運動都是不待言的事、其高野山東別所開了三昧院，如傾慕念佛三昧之明遍上人、与八人之道心、或在高野山之新別所構成念佛之結社、後来立大寺再兴之大願、遣门人六十餘人於日本六十餘州、勸進念佛。所謂如開了勸進念佛一派之俊乘房重源、都是真言宗之僧侶。他能覚醒其時代、攝取了法然上人之念佛法内於密教、成為一派、又高野山正智院之道範对此見地著有「秘密念佛鈔」三卷、完全是此思想運動之反映無疑。

更又栄西禪師之高足的行勇依鎌倉二位禪尼政子之本願於高野山開金剛三昧院、寄進了十五箇之庄園、十餘万石之寺領、依之養了三千之学徒云者、皆是禪密一致之見地而出發。又一山之眾徒能善包容攝取的結果。

无論如何高野山之眾徒都有來者不拒的寬容態度之堅持修養故、法然、親鸞之二上人是勿論、極排他的日蓮上人都往來於高野山云。其他如熊谷生房、瀧口入道為始、遊行上人等的念佛行者都往來於高野山、此等之念佛行者、後還一而成所謂「高野聖」。彼等以此高野山為背景遍歷諸國而負笈叩鉦鼓、稱名念佛之一方、鼓吹宣伝高野山之威靈、說大師之信仰波及遠近。遂而於高野山納骨建碑、成為薦福父母親戚、祖先之灵的風習、以灵山而成天下之總菩提前而劭起高野山。

第廿一章 真言教学之發展

我大師之宗教是行与理解之二方相輔相扶成為一体，沒有単行之単方理解是不过空理空論而已、不単理解之単方之行，謂之邪行決定不能悟道。

大師之當時、南都之六宗都馳於空理空論，有忘記宗教之立場的傾向、大師都強調行的方面，並非否定講経説義、不如自進有機会而実施者也。

然大師以後、以大師之宗教為単之除災招福之妙術，為依其事而得現益、过於現実的物慾的而因於社会之要求，遂而没头於加持祈禱之形式宗教了。

此到平安朝之後期、入於院政時代，暫次失去生命之修法或祈禱，而沒有興趣之者多出，無論如何都需要理解密教之精神內容要求透而濃厚起來，對於修法祈禱之事相之反面之教相教義之理解熱度漸高。

當爾此事相或教相之語，果是何時才對立的而使用者，雖無判然之分曉，但可以明白，最少大師及其弟子之時代可能沒有對立而使用者。依宥快之「西院八結潤書」，御室之性信親王以事相配身密、惠曇配語密、教相配意密，以大師之宗教分為事相、惠曇與教相三分，以此見之以事相教相二分者，大概在性信親王至明算大德之間起初的樣子。

遂而信證、實範、重譽等出世，為鮮明其密教精神內容上撰其根本經典之「大日經」有關之著述，大為密教之理解而邁進，為教學樹起其中心氣勢，密教宗徒之中有篤其學人不知密教精神內容而囚於修法之形式者為事相家之無智、遂而事相家與教相家之間成了對立觀念，當密覺鑁上人即「以事相之行者加教相顯露之難、教相學者致以事相無數之難、一偏即為邪執、二者必兼之而切言之」。

如此大師當時之行學一如、事教不二之密教，總於分為事相與教相二分、事相即出其事相特有之道、更為分派發展、教相又入於鎌倉時代、暫暫發揮其本領、於此時代對於禪、淨土、日蓮等之新興佛教之對立、及維持自己之立場上而言、對自己信奉之真言宗是何物、什麼是為代教所不能見之特質、有如何之特殊性、亦暫為其深深奧有之處其結果、對密教經論或祖師撰述都成為講說談義來了。

此文是何故者、真言宗之本質內容、已經依我大師所組織而大成，此即成为几多之撰述而发表，其所依之密教经论与大师之撰述，依之如实地解释理会，亦就能真正把握其本质内容之看法故也。

对此之解释或讲说，不得徒流于独断，亦不得轻率态度的敲搭上，要解释其一句一章都要正于字义，追寻本据，恐为落于自己之独断，应引用祖师先德之释义以证之，其结果所谓陷于训诂之学，钻其牛角，过度困于细目，有逸大局之嫌，在所难免，但对于如实地正知理解真言宗之本质的真诚态度是可称无憾了。

如斯此教相教义之学之发展，入于镰仓时代，于高野山初结其实，以莲华乘院（今之大会堂）为其教学道场之传法所，有大伝法院、劝学院，种々机关齐备，立于其收容之先決未頒等而育成之指導者亦不少，殊為南勝房覺海最依處的覺海是康治元年，即覺鑁上人示寂之前年，生於但馬國養父郡長野村，幼而入於醍醐三寶院定海室出家，磨其學德後，成為但馬建屋之興光寺學頭，四十歲頃登高野山，隨大楽院第二世，嚴密房寬房究學事教二相，建保五年為高野山第三十七世之檢校，此覺海之門下有四哲，以法性、道範、尚祚、真辨之四人最知於世，其四哲中法性、道範持別有名。

有與道範同在覺海處受學的櫻池院惠深之門下，有三藏院之覺和，十輪院真辨有大楽院之信日，其信日之弟子有信堅與玄海，此覺和、信日、信堅、玄海之四哲合前之覺海門下四哲為高野山八傑。

此外派覚鑁上人之流高野山大伝法院之学匠、即有蓮華院之俊勝、華厳院之會慶、有称謂組織新義真言教義的中性院之頼瑜。

於此時代之研学方法、即以正當之四声訓読本書、而談此義為主、後請来在南部所行之論義方法、実行了御最勝講論義与非見論義、

爭論如何、都以京都之仁和寺或醍醐一山為事相之本山為重心、而於这時代之高野山為教相之本山、是其他無法追隨的盛況。

第二十二章　根来学団之独立

覚鑁上人於高野山建大伝法院、教養了盛多之学徒、終於招来在来之高野山金剛峯寺方之反感、保延六年上人遂

離去高野山，隱棲於紀州根來之地，跟上人之隨從學徒，一時雖與上人移於根來，上人死後再度歸來高野山，再興大傳法院、組織由來於上人的学園。

此大約有一百四十年之間，金剛峯寺方與大傳法院方相並学徒，繼續講經談義，但兩学園之軋轢依然不解，恒及多年來々之紛爭加紛爭。當要、正應之年大傳法院之学頭頼瑜即帶其学徒移住於覺鑁上人之隱棲地根來，於此形成独立之学園，對立於在來之高野山。

如斯同学園分為高野與根來，相對立之結果，学說上各々立異相対，高野之学園即以本地身說，根來即以加持身說為其本領。

此本地身說或加持身說是関於真言宗之教主論題，是什歷佛說真言密教、能說之佛是如何之物，的論点。
依代表印度密教之覺密所說，是歷史上之釋尊與永劫佛之大日如來合一時的境地、即住於等正覺身所說謂真言密教。
此於代表中國密教之一行即以天台家之本門佛、無迹門佛之思想為背景，此說真言密教之佛是超越歷史之永劫佛之本地佛、但都無法教化住於歷史中之有限的一般人、故其本地身以加持神力示現迹門之加持身、這乃是歷史上之釋尊、即永劫佛之本地身加持住於歷史上之釋尊所說即真言密教、中國之覺苑並台密諸家都住以此為立場，主張其教主論。
但代表日本密教之弘法大師之說、真言教主是永劫佛的本地身，即大日如來、其與歷史之上釋迦是別體、不可混同、此歷史上之釋尊是六年苦行後、感見了此本地佛之丈日如來而合一遂而示現成道、但此乃數千年前之過去事、現今都沒有此佛、然密教之教主之本地身之大日如來是現在活生生的永劫佛、現在佛、示現種々身、說種々法、勿論以肉身之耳目是不能見聞的、但以心住一境之三摩地的方法是無時無處都可以見聞的、以此心之耳目之所映上而言、此宇宙之動態當體即是本地身之大日如來之姿、亦是在說法。至少真言行者須諦此宇宙神秘之法爾經典、非常接近此永劫佛不可。如以隨緣之文字章句所記述之普通一般之經典是第二次的東西。

依此可以明白、弘法大師所開創之日本密教之教主論是有比印度密教、中國密教以上更發展、具有深遠之教義為基本的。

迨至覺鑁上人以後，於高野山有二學園對立，對一行之「大日經疏」之研究暫盛，而基於加持身說的主張次第而多。其信奉者有十輪院之真辯、或南院之隆惠等，此並非起初於根來學園，但因根來學園之指導者之賴瑜之學說都是加持身說故，根來學園即以此為基本，高野學園是基於大師之伝統主張本地身說。

依賴瑜所說，真言教主即如大師所指示，是貫三世之永劫佛，而有自證與化他兩方面，自證之方面即超越視聽的冷煖自知之境地，故無說法，化他之方面即其本地身以神變力加持示現，起初才有說法，即是加持身說了真言密教，依賴瑜之加持身者即非歷史上之釋尊，不過是指永劫佛的大日如來之化他的一面，故與大師之見解沒有矛盾，此即調和統一中國密教与日本密教、或云一行与大师之两說。

继承此賴瑜之加持身說而予於大成者即是確立了根本教学基礎之聖憲、聖憲是根嶺先德、亦稱加持門之先德、賴瑜滅後四年生於紀州國、以賴瑜撰定之論義條目的「大日經疏」及「釋論」的三千條目、过於廣汎之失故、予以簡明地著有「大疏百條第三重」、「釋論百條第三重」、供初学者之便、此即成為根本学徒之必須手鏡。

第二十三章 醍醐一山之隆昌

由聖宝開創之醍醐寺、依醍醐、朱雀、村上三帝之庇護而成甚大、於鑄造鴻鐘時与賜姓之源氏相謀、釀出其什用、由其因緣遂而源氏与醍醐寺的關係成了緊密起來、恰如藤原氏之与南都兴福寺一樣、醍醐寺即被視為「源氏之氏寺」

。永久三年依鳥羽天皇之叡信、建立了三寶院、始自勝覺、其後繼之定海、元海、明海、實運等、都是出自源氏之顯官、以醍醐寺之座主、大為一山之興隆而出力、如源之賴朝、聯大江廣元之舍弟的醍醐蓮藏院之季嚴、為源氏之氏寺之京都六條之八幡宮之別當等、於陰於陽援護此寺、其結果醍醐一山入於鎌倉時代暫々發展、極繁盛其法脈。入於吉野朝、醍醐之勢力自然分作二大派、完全是大覺寺統與持明院統。或云吉野朝與室町幕府之對立、其代表者即文觀與賢俊也。

文觀是弘真或稱小野僧正、一方恰如天魔波旬而被罵、一方亦被視為文殊、觀音之再來而欽仰。都是當時的教界之一怪傑。初為天台之教徒、居於播州之法華山、中間移於同州賀西之北條寺、自此遊於南都學律、更於醍醐報恩院師事於道順受法灌頂的人、時常修多支尼天法而有其効云。

時後醍醐天皇、憤慨北條氏之專橫、暗將除之、而託中宮之懷妊為藉、勅文觀行降伏高時之秘法、此繼被發覺、文觀即被流於硫黃島、後來高時被誅伏、文觀即帝還京都而恣帝之寵遇、遂而為醍醐寺第六十四代之座主、建武二年三月補任為東寺第一長者。果然被高野山金剛峰寺之大眾一致同盟、奏請停止文觀之長者職、帝因对此大眾之強訴不能奈何。遂停文觀之長者職、但不為此、護任少許都不衰、而文觀於同年十一月、為天下泰平於東寺講堂修仁王經法、同三年正月、勤於後七日之御修法。

但於建武中兴之事業步挫折、其修法之勤仕亦僅三天而停、後醍醐天皇走於叡山。對於天皇行幸於叡山成為吉野遷御、延元四年崩於行宮前、文觀以醍醐為策源地不忘為吉野朝之奉仕。正平六年公武之和議成立、吉野朝之御村上天皇還幸於京都。文觀即其十一月為建武以來之相續的意義下還補為東寺長者、公武之和議再決裂的同時、待齊興到吉野之行宮、遂移於河內之天野山金剛寺、大作吉野朝復兴之夢、正平十二年十月九日、八十歲寂於天野往生院。

此文觀得到後醍醐天皇之寵遇、為吉野盡其忠誠、相對有三寶院之賢俊參於足利尊氏之帷幕、對其室町幕府盡其活動亦是極其兴味之事。

此先於醍醐寺之賢俊一派、因文觀特為大覺寺統之後醍醐天皇之祕護而嫉視、抱不少之不平待乘機会以狙之、時又反對源氏之苗裔足利尊氏、建武三年正月、率軍入京交戰、自而敗、不得已沒落於九州。於尊氏相知交之三宝院賢俊隨從此、秘密的仰其持明院之光嚴院院宣、請了錦旗進於尊氏、尊氏依此糾合九州西國之兵士、其五月捲土重來、京師開設了室町幕府。其功績算賢俊為居第一、將軍尊氏信用此賢俊極厚、其之月、補彼為權僧正、任醍醐寺座主。更於曆応三年任東寺之第一長者、同五年經法務而第六十五代之座主、同十二月東寺第二長者而兼根來寺之補大僧正。尊氏以曩源氏之氏寺而崇附醍醐一山食邑六万石、再興其伽藍、不但如此於京都梨樹町造営新三宝院。殿閣重壕、苑如城郭。

吉野朝与室町幕府之対立五十餘年、明徳三年遂講和、但政治之実権成為足利氏之掌握、再形成武家之天下。同此足利氏之深有関係的三宝院暫々有利於發展、殊而滿濟襲及三宝院門跡、三宝院門跡之地位凌駕於他之諸院家、發揮了教界第一權威。

此滿濟又稱法身院准后、權大納言藤原師冬之子、永和四年三月生、後為足利義滿之猶子、入大僧正賢俊之室而得度、應永二年十八歲補為醍醐寺座主、定濟以來分離之三宝院之門跡相承与法流相承綜合之、自以相承此、同十六年三月三十二歲早已成為大僧正准三后、其七月成為東寺長者。

不但成為教界之權威者、足利義持之薨後、与諸將共擁之義教、以其護持僧而親近、為幕府之抵抗而言、亦為其顧問獻策之處頗多、其賢俊為裏面人而參劃政局、反之滿濟以將軍家之姻戚而公然參与、呈現黑衣宰相之觀。此滿濟之地位現示無双之顯要、以致醍醐寺之寺領亦莫大地增加、相待於豐富財与權勢壓倒朝野，恣名謂將軍門跡云。對此滿濟而接來襲其後三寶院門跡者有義賢、義賢是足利義持之猶子、恆及政教二界、威勢無比、醍醐一山、特以三寶院即賢俊以來至於滿濟、義賢完全現出黃金時代。

第二十四章 醍醐之不二門教學

以真言密教之教學、以為不過是單於經論章疏之詮釋或止於解釋者、如斯之教學完全於醍醐一山不取、但此等之經論章疏之理解与味得、同時把握其根本義、並以綜合組織之、其名之為教学的見解上、醍醐一山亦有完整的教学在。此載於翰墨者雖然極少、但有一宗大事或密宗深底、或云口伝法内、師資面授來者、有勝賢之口説成賢記述之「纂元面授」、或成賢之口説憲深記之「宗骨鈔」。

今一瞥其「纂元面授」之内容。即云：我人之見聞的世界之一事一物、都是对立之呈不完全相、但此即見法与取扱方法不好所致。若用心眼去徹見其本質時、皆悉超越了对立而是絶对的無限圓海者也。亦所謂是大日灵悼之顯現相。所為以本覚思想為基本、去直見此有限之事物、依之才能悟了無限絶对之真実相而強調之、即我人本來是無限絶对之佛、而迷之不知実相、為此囚於有限之世界、以心外求法、自迷自煩、故自己内省、如実了知自之実相、同時以開悟之光明未淨化心外之世界予以無限化、自己非以佛而開展其生活不可、既是自己即佛、即此世界之外別無佛國、以自覺為基本、自為佛故、非如佛之行為不可、此世界外無佛國故、非於此土建設佛國不可、完全以理想為背景、背負了光明、理想化其一切予以清淨化、此為密教獨特之修養法。

如斯、「纂之自援」之強調思想、乃以佛為真正我之生一個時超越了生與死、過去未來之對立、生於常恆之現在故、稱之謂常恆現在主義、從而不容其希求未來淨土之往生思想為多。

於此以常恆之現在主義為立場之醍醐教學、至平安朝之中期以後、如何未取扱其、支配很多人心之淨土思想者、於此有少許之覺察的必要。

幸而甚為成賢口、憲深記之「宗骨鈔」、「流來之生死大事」以闡發之立場而以問答体來說明者、即、「真言行者於生死二位如何安心、怎樣離其生死、來提起問題」、真言行者是生於常恒之現在故、此命終生於何處的念頭不必有、我即佛的信念上而生的以上、自不念生與死、只有佛作佛業、以此之衆生之利益為念而已、勿論有此信仰而生、都是難說自然之生死、但此是遍法界之活動、不過是其進展、何時去、何時行、心眼所照之處、十法界悉是佛界、有什麼世界可厭、不但如此、厭生死而欣涅槃者乃初心始行之未練之行者也。思之此我與佛為一体、與衆生界為一如、超克了凡有對立之醍醐之不二門教學是成賢、憲深之時代成之、憲深、覚雅、寛淳、道順等次第相承。

嘉元三年四月十四日至二十九日、亀山法皇集了慶深方之実縁、実厳与醍醐方之道順於常葉井殿、談論真言之宗義時、慶深方之実縁以為修因行後始得佛果為基調而述真言教義、対之道順排此、謂此非密教之本旨、又非醍醐之教学、「実縁所言之處有法爾与随縁二門」相違故、不過以遮情除迷之一途、此乃為多嫌之處、総之法爾即是随縁、随縁當体即是法爾、言法爾言随縁乃不外是一物之両義云。又談法然之成覚者乃醍醐一同之教学、対治遮情之主張乃只是実縁之臆断、総之自宗行法之規則是於初要令念我身即是金剛薩埵、或令知己体即是大日如来」等云。

但此不二法門之教学是一种劇薬、若巧用之即所有難病無不論、若誤用而取扱、不得其人、即所謂達以表德之学弊、從而成為如立川流的邪流之可能性有帯多分在。

更於此醍醐之教学、不能看過之處、即理智事之三点説、此三点説最強調者即静林寺之静遍、静遍是師事醍醐之勝賢学、其勝賢之弟子之成賢、互為師資而授受秘法儀軌之人、從而此三点説是醍醐之教学之渕源是不待言的

此理、智、事之三点説是、言語的之理、或云智、在異体的成為不二之事点時、起初其要才有活用、即不外是不二、渕教学者、継承此静遍之三点説即高野山之道範与醍醐金剛王院之実賢、実賢汲此流派、出了横尾山流一派、又如成東寺教学之基盤的自性上人、我宝都成為主唱此三点説、以此為用於不動与降三世与大日之上、或金大日与胎大

自与觀加之上、其他如道場観之自心佛与召請佛与冥会佛之上、波及各方面而用之。

第二十五章　東寺教学之兴替

自性上人、我宝初住鎌倉佐々目谷之遺身院、成賴助之付法、遂登高野山住於千手院谷之宝光院、又是開創西院谷之自性院之人、後依後宇多法皇之敕旨、移住於洛西之槙尾山時、成其中兴、应長二年二月二十一日起至二十七日、七日間於東寺西之院之御影堂与鎮守八幡宮講般若心経秘鍵、此謂東寺講学之中兴。

有此事以後四年、即正和四年、自性上人之入室的賴宝三十七歲而作東寺之学頭、並補為其供僧、此賴宝之伝歴不甚清楚、但以自性上人我宝為师主、於鎌倉之佐々目谷得度、隨師登高野山，接一心院谷之金光院之第四世繼朝瑜為第五世、此朝瑜是朝助之付法、賴宝之師主、与我宝是同門之人，故、其師主令我宝之推挙補為東寺之学頭後、往来於高野山之金光院与京都東京之西之院之間，其間著有「釋論勘註」二十四卷等，由此賴宝開拓之東寺教学，到大成為止之領導者即其後繼接之杲宝与賢宝。

杲宝初名稱弘基，幼時入於東寺，宝莊嚴院賴宝之室，十八歲至二十歲於高野山一心院谷之經智房肇寫种々鈔疏聞書，孜々勉学而專心，依東寺之金剛藏之杲宝所寫之奥批本等就可以明白。

此高野山一心院是建久時行勝上人之所開基，以妙法蓮華經之經題配五智，妙智房、法智房、蓮智房、華智房、

経智房之五房、妙法蓮華之四方已経廢滅、只存有経智房
、此経智房名稱謂一心院、係其為名之名故、杲寶於其書
之真批云「一心院経智房」者、大概是其師主、賴寶所住之金
光院。
思之杲寶壯年時代於金光院學究宗學後、更隨去駒山竹
林寺之性心學事教二相、貞和二年二月八日依勸修寺慈尊
院之榮海受伝法灌頂、同四年三月成為東寺勸學会之學頭、延
文四年二月、錯受稱為大覺寺之教王常住院學頭而固辭不
受、後創建塔中之觀智院大張法筵、康安二年七月七日寂於
東山之八坂、吉祥園院。
此杲寶是根來之賴瑜、高野之宥快、長覺並稱的學匠、
其著書廣為事相與教相與史伝、所論極明快而窮其宗之奧

義、為後代学徒之所尊重。
此杲宝之弟子有頼宝、杲宝之著書，遺逸補其註釈類而整理編大成者完全是賢宝之力。
賢宝十四歳入於杲宝之室、随侍受学及於十七年，延文四年十月，（二十七歳）受杲宝之伝法灌頂，其畢生事業乃專念於先師、頼宝、杲宝之未完之著書之大成。依其大日経疏演奥鈔第五十六巻之奥書都可見其一班。
印依其奥書云「右乃依祖師頼宝法印之勘註，全部數卷，拭老眼繕寫而功終，少々加了他筆，定免有誤，為此而紀之也，書寫隨筆処々追加了私之勘文等，法印權大僧都賢宝生年五十六」，加其奥書於宝永五年東寺之慧光記之：
賢宝此為学之，為此筆削，自延文之年七月十有八日起，終於応永五年五月五日、通計四十三年也。言其勤、嗚呼古人為法而乾乾豈不仰止者、可智其貢献実甚大者也。

以上之頼宝、杲宝、賢宝為東寺三宝、此師資三人之力、依之自然至成為東寺之教学一派。於大体上其学風乃継承醍醐而来、如古来、醍醐、東寺之教学以不二而教学称之、完全以不二絶対之光明来照破有限之事物、以此顕現実之一事一物予以精神化、無限化為主眼者。

但東寺於延元元年、在公武対立之初、其六月十四日、足利氏紀陣於此、忽而奉光厳上皇、并豊仁親王以此東寺為皇居苑、其八月十五日、遂而豊仁親王於其首服、於此東寺践祚、此君称為光明院、更投吉野軍之足利直冬、正平十年正月、带其軍勢来占領東寺、其三月十二日幕府軍、追遣東寺、直令之軍破、十三日尊氏再入東寺、東寺受全被此等之軍兵足下蹂躙、寺内荒廢、寺僧悉皆避難於高雄山。

為此、御宇多法皇再興以來、相續之東寺之二季伝法会亦不得已而中絶、如於其伝法会之杲宝二教論談義、在其「聞書」第八之奥批云「此書之談義、依闘乱而罷畢乃無念也」、如是於正平九年十一月談義半途而中止、終未於東寺完全絶了談義学道之命脈了。

第二十六章　南山教学之大成

高野山如東寺、雖無直接被戦塵所傷、因其地接於吉野故、時常遭武用之勅催、大衆帶動諸庄之武士應此、而向学念亦不大、且為戦乱而領所之年貢不納亦多、被此世之騒乱所禍、高野一山之長日談義亦自然廃絶了。

其明徳三年於公武之間、和議継続、世中暫穏、至少招来七十年之太平，学衆自然以本気而学道、於此呈現了教学隆昌之機運。

時常於高野山之宥快，長覚之二学匠輩出、一在宝性院張了教線、一在無量寿院教養子弟、南山教学分為二派、至爭蘭菊之美，於此大成了不二門与而二門之二種教学、此称謂「應永之大成」云。此南山教学之宥快与長覚、都是釈迦院賢重之学徒、同一門弟的関係、但一是属法性之学系而大成而二門之教学、一是道範学系所属、宣揚不二門、依之分成二派対立。

長覚字謂本智房、後村上天皇之興国元年生於出羽之羽黒山之麓、比宥快多六歲之年長者、十一歲時、為州之湯殿山長宣之弟子、十五歲時長宣遷化、正平十一年十七歲登高野山為東禪院室下之学僧、隨親迦南院之賢重、無量壽院之頼圓、東禪院之義宣等学密学、悉曇等八年、正平十九年去於巡錫諸國、先至關東、謁相州鎌倉之俊誉、依俊誉而受西之院、元瑜方之事相、為其正嫡。此後遷歩於越後、住於蒲原郡之長福寺開講筵、文中之初年三十三歲歸高野山、繼義宣之後董其東禪院、弘和二年四十三歲於東禪院伝授悉曇之時、如宥快亦來加入其受者之一人。應永十年長覚六十四歲頼圓寂、依其遺囑為無量壽院之洲主。教養來集之学徒於下二洲教学而繁榮、終於大成、應永二十三年十一月十四日七十七歲、知其將臨終、集弟子於一堂而訓誡云「我不願往生佛國土、再來生此人間導其迷的人們」、而其翌十五日晏然遷化。

此長覺之遺訓之所謂「我不願往生佛國土」者完全依醍醐之憲深其「宗骨鈔」所言、無論換其不同境界、只厭生死、欣慕涅槃者、乃初心始行之未練行者也之要完全合致、又於南山教學之基盤的覺海法橋之「法語」之「靜思之時、不思生為何死為何、只以靜心者、身為龍、夜叉等亦不覺有苦。」云而其據為一者、此只開心眼即能見佛國、肉身即得成佛為基調、即真言行者自然到達之歸結。此安心乃以絕対不二之光明去照破有限之一事一物、即於有限中實現無限生活之不二門之精華。

此成佛之理想対於搜影於遠方前途而無限修行、疲倦人心髓也之佛教諸宗而言、只有宣伝密教独特之立場、其第一發展者即此絶対為本之不二門教学。在高野山覚海門下之法性之而二門教学之建設雖大為努力、却被遺範之不二門教学壓倒、不能張展枝葉、無論其醍醐教学、根来教学、東寺教学、此不二門教学外無之。但此不二門之缺点者、不善即識為陶醉、陥遂表德、不知自己之淨化向上、或往々隨於如川流之邪教、現高野山為此不二門教学之発達而如之川流之邪教潜入、流了或受毒害、嘗處不忍其教弊而默視、却越起而掃蕩邪教、継其萎靡不振之法性後、大成了而二門教学之大成者、即是宥快也。

宥快字宝榮、興國六年生於京都、幼而失母、正平十六年十七歳時、事聞親縁之榮智上人、在常陸國佐竹之里、、佐久山寺大飄密教法幢而慕其德風、遙々自京都來投其室下。

上人初不知覺榮、一日修廣星供時忽然看見壇上顯現一行禪師之姿、起了奇異之想、其翌日遇覺榮來尋、靜觀其容貌、完全於壇上所現影之一行無異、於此為攝於大唐大莊嚴寺一行影現的靈瑞、遂而為覺榮得度、改為瑞嚴、始自加行灌頂授與一運完全之密教々學。上人律此瑞嚴登於高野山、往於旧師宝性院快成、但快成既入老境．令其師事於其法資信弘學法、改名為性嚴房宥快而究參真言教學之蘊奧。宥快孜々不息於學業、文中三年三十歲時遇信弘之遷化、依其遺囑而董宝性院、其翌三十一歲始著宝鏡鈔、當時破斥高野山所蔓延之立川流邪說、發揮正純密教之真精神、鮮明了「而二門教學之旗幟」。

應永以來對於學徒之教養無餘念、其十三年將寶性院讓於弟子成雄、時六十二歲自己隱退於善集院、益加努揚而二門教學、應永二十三年七月十七日七十二歲寂於善集院。

宥快之而二門亦與其不二門教學相同、完全不離其絕對為本之審發立場、但此其不二門教學於絕對中認其有差別而尚以絕對為不二平等視之傾向、對此而二門教學於差別中認其絕對、於差別世之一事一物都生於各各之自己特性、更於各各具有其全宇宙而無層絕對。但此而二門與不二門之二種教學並非二者完全相反、可以說應兩者相待相扶才能鮮明此我教學之全貌。

宣揚不二門教學之長覺有長譽、長任、長學、揚義、覺愼尊高弟、而二派教学的大成人者快亦有宥信、成雄、快全、快雅、快尊之学匠秀才、誰都是一方之時的学匠、故此等之学匠下、两分了該山三千之学徒、以宝性院為中心之而二派派与无量寿院為中心之不二门学派、此宝派、寿派各々發揮其自己特色、競其学業之結果、於高野山完全現出教学之黄金時代、

特於应永十二年、宝派方之快全与寿派方之長誉遊学於南都兴福寺、研究法華、維摩之二會的竪義之法式、移此於高野山、其翌十四年五月三日始行於壇上之山王院以来、日而盛行其論義問講、同時宝派、寿派之学徒、各自換其名目、変其論式而専心地放其異彩、其結果於読同一文句之端合、如宝派是能所与清、寿派是能所与濁、又宝派是揞（暗）

留修行讀之、壽門是讀權（續）留修行、對於未墳之事而出了異色、其兩門合併之至壽院、至於今日暫次地消除異見不留其餘香了。

第二十七章　真言宗之衰弊

吉野、室町之公武紛義成立以來、七十餘年間浴於太平之恩澤、於醍醐、於根來、於高野之教學極其隆昌的真言宗教團、再遇應仁、文明之兵亂之禍、至現出群雄割據之戰國時代、竟全止於巡其萎靡衰頹之道程、特在京洛之巷為中心的應仁、文明之大亂、前後延及十一年間之久故、其慘害波及極廣、始自禁裡御所、名山寶剎、不無受其兵火變成焦土、可謂王法佛法都一時壞滅、那有真言宗獨免之理暫以之為宗都諸山本寺之、於此廣大地域並燬、如連其競盛榮之御室仁和寺亦蒙受其災火、嚴堂坊舍屋廚灰燼。僅數個之小院亦移於双岡第二丘之西麓、不過暫繼續法務而已。又如足利幕府之氏寺、勢力無比的醍醐一山、亦於文明二年七月為大內政弘之兵攻略、只殘存天曆之吊古的五重大塔、山內之堂悉遇災厄、金堂、三昧堂、御影堂、清瀧宮、長尾宮、三寶院、金剛輪院、金剛王院、報恩院、理性院等之諸院家、悉屬烏有。

如幸免其火之東寺、為文明十八年九月十一日土民之一揆、伽藍之大部份被燒卻、西之院、千手堂、校倉等不過僅留孤影而已、無論怎樣遭遇此等之災厄的真言教團之諸大寺、遂次第荒廢於戰亂一百有餘年之久、不見復興之曙光荒廢而加荒蕪而致此。

而此世已化為戰亂之巷故，掠奪兼併橫行，軍卒亂入寺內破壞堂宇，横奪寺領，政府無力制止，只有武力以自衛外沒有其他途徑。因無此武力，御室仁和寺、醍醐一山或東寺教王護國寺，皆同等也受其災厄，唯如高野山及根來山都以自衛上養了僧兵。

真言宗之僧兵究全是行人之變形，於高野山，根來山有學道研究為專業之學侶外，亦有香華飯米為主之行人，自古就有之，此等之行人為時勢所迫亦為寺領，貢賦，出納等之經濟方面全力，經而於自衛上，自以手持干戈指揮莊兵，所謂成了僧兵，其勢所趣，不覺之間，至於敢用暴力攻略四隣，掠奪他領，一時根來山變成七十万石，高野山變成百万石之領。
特在根來山、岩屋坊及閼伽井房等之行人張左一山、此等之行人作一方之旗頭、或投信長、或為家康之方、屢々出起戰事、織田信長之殁後、家康与秀吉東西爭霸、家康暗使根來及雜賀、太田諸党、令窺秀吉、秀吉聞此於耳、自己先立進兵於東國、令秀吉所依之僧高野山之木食上人應其為使到根來、為与於二万石之故、令其返還徒眾攻掠之土地、以令誓其服從之諭、但其行人恃其自己武力而不應、且襲其應其上人之宿所、的暴舉亦敢為之、於此秀吉決意自提大軍、一氣包圍根來山、遂而攻落、除大伝法院並大塔、其他如圓明寺、密嚴院等之院宇、堂舍二千七百有餘、悉皆燒掃不留、此實為天正十三年三月廿一日之事、自覺鑁上人隱棲此地以來、四百四十五年、中性院賴瑜移大伝法院於此當二百九十八年、根來教學於此終以滅亡了。

攻此根來之秀吉、乘勢擬征服高野山、其四月七日先以細川新助爲使者、以返還所押領地、捨武具專爲佛事、引召抱惡逆人之事其三箇條文、嚴重地迫其諾否之答復、一山之衆議难決、被應其上人說得、以根來之滅亡爲眼前之衆徒、亦忍屈而恭順、木食應其自己與南院之宥全、遍照尊院之快言、到秀吉之陣中披瀝其赤誠、應秀吉之要求故得了一山無事。

救了高野山之累卵之危險的木食上人應其、原爲江州之武士、初仕於佐佐木氏、佐佐木氏殁落後、仕於越智氏、越智氏又殁落之時、暫覺人生之不足賴、天正元年三月三十七歲來高野山得度，穿了草衣，食其松実，苦修練行凡十三年，人稱謂木食上人云也。

秀吉之高野山討伐的斷念，主要乃依上人之說得，此事天正十四年七月廿八日秀吉，先前令使節坐鎮於金剛峯寺控於左右諸大名「云高野之能立之所以者只有此木食上人一人、不可以謂木食高野之，即是木食之高野」，而揚言之而得窺見者也。

上人不但為高野傾其全力，或為京都大佛殿造營工事之監督，或造營了嵯峨之釈迦堂、東寺、醍醐、石山、清水長谷寺治等諸堂塔，到處留了很多功績。

天正十八年應其上人自建一宇於高野山，秀吉寄附一千石，由後陽成天皇下賜興山寺之勅額，所以亦稱謂應其為興山上人、以此应其上人衷心而虔依之秀吉、天正十九年十月二十二日以片桐市正、早川主马头之二人为使者、与以高野山一万一千石之朱印、其翌文禄元年八月四日、为悲母追福更追加增益一万石、合计二万一千石之寺领给与高野山、同时于大德院之旧地建剃发寺、后、改称为青严寺、此即现今高野山之金刚峰寺真言宗之总本山。

如斯依兴山上人之力、高野山免于兵火之灾厄、概观之于战国时代之真言宗、皆悉归于坏灭之状态、其伽蓝都任兵士之蹂躏、教学沈滞、无人顾及者也。而于中有高野山无量光院之印融、弘化于关东、住于武州鸟山之三会寺、被仰为弘法大师之再来、留了几多之著书到今日、如此是全可以说是稀有者也。

第二十八章 真言宗之復兴

不但罹了文明以来之兵火、真言宗之京都諸山不但荒廢天正十三年依秀吉而根来一山被焼化、僅存高野山免其滅亡。可是百万石之寺領亦減少至二万一千石、暫对該山之大衆生活起来大搖動、爰此陷遇逆運之真言宗、無論怎樣都要打破此难関、無用什麼新方途来渡振以上会存成宗团之崩壊危機。

幸而秀吉之对真言宗態度、並非徒以破壊為目的、不过是对此當徒僧衆之忘去自己本分、馳於權勢过慣驕奢、佛道外忽於惡道、且妨害彼道之為概、為還其純然佛道本来之面目的企圖而已。且繼秀吉之後之德川家康亦以天下治平要道而参力於文教之兴隆、对於真言宗团之昂揚亦与以全幅之支援故，真言宗暫々復興而漸得其曙光了。

即文祿三年，秀吉帶了諸大名參詣高野山時，見到腐朽之大塔、金堂共二十五棟之堂塔，与於修復，更以其同年寄進寺領建立五重大塔等，又慶長三年三月，於京都登張花見之大宴的同時再興了醍醐一山之伽藍，次入德川時代，寬永年間，幕府寄進了黃金二十四万兩於御室仁和寺，改修了堂塔殿舍及十餘之子院，於此仁和寺、醍醐寺、東寺即回復舊觀之概況。

又被秀吉燒亡之根來一山學衆，玄宥、專譽之兩能化，一時同逃於高野山隱於清淨心院谷，擬再樹立法幢，因高野山之衆徒不喜，專譽終寄於自己故鄉之泉州，住其國分寺々，天正十五年被豐臣秀長之大和太守之迎，請住於豐山長谷寺。此長谷寺之開基極古，由天武天皇之勅願，弘福寺之道明上人於大和初瀨川邊建立一宇為始，聖武天皇之朝，德道上人於此安置二丈六尺之十一面觀音，爾來以靈場而隆盛。中世以後衰微不振，又遇戰國時代堂塔荒廢而不見其影跡。豐臣秀長及至此國為太守，深慨此靈場之荒廢，希望能高僧前來住此，又聞及紀州國分寺有專譽，豐臣秀長邀請之，於此豐山長谷寺即再放光輝，學徒雲集，天正十六年請於秀長再興其殿舍，更得秀長寄進寺領五百石，以新義真言之本山而記其基礎。一方與專譽同於隱在高野山之玄宥，不去高野山，往醍醐，後移高雄山，又於洛北之北野造了假屋構成法席，嘗盡種々苦辛，終於其声譽通及都鄙，其學德之慕者暫々來集者多。德川家康特愛玄宥之風格、慶長五年，賜与寺領三百石及附屬豐國神社之寺院三宇。玄宥改造此為学寮及寬於講堂，盛為講肆開張、此於慶長十年，玄宥以七十七歲示寂於此。經其法資之祐宜至日誉之時，學徒之雲集的同時寺域暫々狹隘來、而德川家康將秀吉為棄君建立之祥雲禅寺寄進之，此改為五百頭山根來寺智積院，対立專誉之長谷寺，亦作真言新義之本山確立了基。

於此根來之真言學團即分為智山与豐山，此智豐兩山其後次第發展，互競兴学之結果，碩学高僧一時輩出，於德川幕府之元祿前後，智山出了運敞、信盛、覺眼等學僧，豐山有亮太、卓玄、英岳等，都是一世之傑出，至於招來兩山之教學隆盛。其中智山之運敞、豐山之亮太，乃代表此時之大学匠云。
又豐山之亮貫、天和元年於江戶興起護國寺、隆光於元禄元年於神田橋外建立護持院來對立、隆光特別受殊綱吉將軍之恩寵、元禄八年將軍臨護持院時補隆光為大僧正。任真言新義之總錄司、於此隆光之威勢無比、為此將関東他派之寺院轉為新義真言者頗多、今日有其新義真言者、完全是賴力於隆光之處為多。
當此時、真言宗之中亦見到正法律之興起、此正法律之之祖者、即槙尾山之明忍、慨其僧風頹廢、為振戒法於中國、慶長十五年於對島殉歿。高野山新別處圓通寺之良永、繼此明忍之志、於槙尾山自誓得戒、其法流之快圓、又在和泉之大鳥山神鳳寺興起律園、更及於槙尾之慈忍在河內之野中寺開創、於此世稱此槙尾山与野中寺与神鳳寺為律園之三僧房。繼而淨嚴出、元祿四年開創江戶湯島之靈雲寺於此飄揚律幢、淨嚴後、慈雲於以大成之、公稱為正法律、以河內高貴寺為其本山。

如此德川時代真言宗各方面都更新発展、此後變成硬化形式化而失去潑剌的生命。宗徒只以偷安為事而無氣力、均無什麼活動意義之政行者、此是全是德川幕府沒有真心信仰的純真之背動宗教政策、只基於容易對御寺院的要求上、一面与於寺領而保護、一面統御其一絲不亂、以嚴重之法令下拘束自由、以宗徒無冒險如虎成溫順的鎮猫之結果、者也。

第四十九章 賴瑜之勧學運動

於江戶時代之初、宗內所瀰漫之惡風清掃、防其無学僧之氾濫、為廢頹之学道振興而獻身的努力者乃高野山蓮華三昧院之賴慶。

賴慶是紀州有田之人、出家而遍歷諸國、對於顯密之法門無不究極、後、登高野山住於蓮華三昧院、慶長六年十一月、於阿波說破「鎮宗無得道的論」、調淨土宗之貞安而有令名。遍照光院之良尊深憂賴慶之異端、附與心覺相伝之秘訣、同時附與識後之遺囑。但有明王院之快正構事而自董遍照光院，不但如此捕賴慶監禁於谷之獄中，於其獄中賴慶每日講「阿弥陀経」、聽聞之獄吏都無不感喜。此事不久聞及駿府、召賴慶與快正於家康之前論義的結果、快正之印愚忽而暴露、彼即誅於高野山之蛇柳之下、以賴慶為遍照光院之後輩。
如是家康之信仰頼慶極厚、頼慶乘其信任之翼下、計畫真言宗門之革新、對其衰頽之學道之振興、訴於家康故、慶長十四年八月二十一日、起初由台府对宗都之東寺或醍醐之勸学下了条印。对高野山印下了「金剛峯寺衆徒之坊与於佛法興隆事」等永格七箇條之法度規定。其第一條下有「建寺安僧、有御寄附者為修持佛法者、若不知佛法者、於寺於僧完全無用、寄附御領是為護者、受天下之公物之寺須尊從公儀之掟、此次為高野山末世佛法之興隆、減此御墨之上衆徒之坊跡、譬如雖有讓狀、若破學問次第之寺法、違背上意者、須堅守墨旨、不得用我之讓狀」。等加附其說明。
此乃是於高野山學道之廢頽的同時、無學之僧徒以種々之情實、私人相續名刹寺院、犯了種々弊害之所由来者。於此以學道為基本、看其学問如何、依之設了得相續名刹寺院之制度、以之大為优待学者、奉行幕府之本多上野介正純、板倉伊賀守勝重、圓光寺元佶之連署上申入金剛峰寺衆徒中。

此法度之御墨依頼慶自己擁持帰住高野山、慶長十五年正月十日、披露於一山、其翌十一日兩派主、碩学、老分中十八人、上分学者衆二十九人連判之上、守永世御法度之旨、盡未来際不敢違背之請狀、奉行提出幕府、於此才能開了学道更新之端緒了。

更以頼慶馳使於東寺、仁和寺、大覚寺、石山、天野山金剛寺、觀心寺等、不但於拳其勧学之實、若此学徳兼備

者、設旋不能入住大寺，淘汰無学僧、為此雖受一面之种
々非難、以他之熱烈与勇敢之信念遂而成功、此依送醍醐之
松橋隠影的書状就明白，印近年暫及修学之退転、拙僧等
思昔、見今、嘆申数年也、遂達上聞、承成御墨、勧学省
東寺、醍醐之教学有再興之厳命、識為宗内之千喜万悦、圓印
有道之御世也。然而無学之衆、拙僧之衆視如怨敵、許於
种々失其継絶而欲破之、実感恐懼非少、但昔之摩騰、渡
佛法於漢朝、復諸國道士之責、本朝之上宮亦以佛経為敵
、彼是古之聖賢、此印今之凡愚也。然、惜其教法相同、看
看着佛天之加護無偽、何其末世而不成就者乎云。又対無
学僧之淘汰而言、雖釈尊御法之弘廣大而去五千之上慢座、
迦葉結集之崛雖云深、数百之有学退所、皆立法為計也。

今引例於隣邦、三井之四箇院光華由河跡改非学之住持
入関東之学者、忽而成為仏法再興之寺。叡岳二十箇之名
室依去年之御捉而換替住持、高野之古跡此次成古法也。
根来寺・醍醐之影像、空此墨以成非学之寺者、不然是為末
代、右様対此墨判不驚、待何時、誰能重改者也、更進而説
其学問的重要、「山貴非高、僧有智徳也」、釈尊為中天竺
之種也、出家後不学亦貴、然十二年採草汲水之辛苦是其後
成為大派内之尊之代價。我祖善無畏同時中天竺之王也、
辞位後二十年来漂西泊。捨身殉学綜僧三蔵之不空之渡天
、大師之入唐、諸風波之不安、係学後非有尊号、況字僅
為粟散辺地之人匠傳士之僧、只憍慢於俗姓、並無仏道之
辛苦、生来而有何貴？梅経寒苦而芳、正由琢磨而光、勤

學印宣安指示石。又不伝佛意、妄登大阿闍梨之高座印非真之導師也」。叫之、最後附加彼之主義主張、「寺是入佛法之器物也、僧是佛法之持者也、建寺者為住僧故、住僧即為持佛法也。持佛法之要只為学也、故有戒定慧三学之名也、無学即無佛法、無佛法即無僧、無僧即有寺亦無用。此故昔人先求僧而後建寺、有寺佛法體之、有佛法人解救也、代代寄附即為此也。今人只建寺而不求僧、而形似僧而剃頭不剃三毒、染衣而不染心、有寺有僧、佛法行之將絕也。御法度之記印依此意著云。

思之賴庆任自己之信念、依自己之志而敢行、如高山住持入替、豈依賴庆之一言而決之、不知不覺忽而招來寇敵、其十五年四月無学而被逐之危若僧徒、忽而窮了衣食、室生院之前官慈訴於政適、政適不知所以不得已帶彼等往騷擾訴於公庭，忡忡而情緒纏綿者、家聲為其煽動的樣子、遂而攻其賴慶過於專斷、終來被在賴慶頭上之恩寵之冠、不覺移於政適之上。

於此賴慶即不得不蟄居於伊豆之走湯山。但彼之學道更新的功績決不鮮少。此賴慶之企圖的勸學運動變成最後、以情炎為主之一部首腦者之反對、不得徹其成果是遺憾的。此在「高野春秋」之著者、懷英云「由此自山他寺之格式陵夷而人法衰微、嗚呼，內魔外障之枉惑人法、不止古來獨今而有」而歎之。

第三十章　明治以後之真言宗

賴慶之勸學運動中途而挫折其功不奏、江戶時代之中期以後、真言宗變成殭化形式化、徒貪惰眠而已、遂而儒家國學者仍把來排擊佛教亦默々沒有反抗之氣力、如是之間入於明治維新、佛教特別如真言宗完全真面於空前之危機。

思之明治維新之大理想是神之道、即復歸神武天皇之親政樣式故、以印度傳來之佛教為外來之物而排斥、明治之年祭政一致之布告共時計畫神佛之分離、如兩部神道或御流神道、絕對嚴禁神佛混淆、為此如有密接關係的真言宗遂而受打擊、於之明治四年為分離政治與佛教的意義上、廢了敕額所或敕修之法会、禁止皇子皇孫之入佛門、不但如此既入佛門者令其復飾、由皇子皇孫來繼承之御室仁和寺或京都諸山之門跡寺院於此完全解消・且依寺領地保障生活之高野山或京都諸山之真言宗寺院，其寺領被政府沒收故，忽然失去生活之路，為政者之強張而相待，相繼還俗者不少，寺院完全瀕於荒廢。

際會此宗難，高岡增隆、密道應、大宮覺寶、三條西乘禪、大崎行智、宇野秀善、別所榮嚴、釋雲照等，東西振起，飄了密教興隆之旗幟，訴於政府，說於民眾，日夜盡瘁於宗務，結果暫得救了廢滅之真言宗。

明治五年設置教部省，公布一宗一管長制度，高野山櫻池院之密道應，始任真言宗之管長，其翌六年三月，以金剛峰寺與東寺為古義真言宗之總本山，又以智積院與長谷寺為新義真言宗之總本山，此四山住職交替為管長職。同八年四月，東京芝之真福寺內置真言新古合同之大教院，於名地建中教院任取締教導。

然新古之意志欠疏通、遂於十一年五月、京都之仁和寺、唐招提寺合同、組織西部真言宗、其大教院置於御室仁和寺内、及別置管長、真言宗之宗治機関分散、東寺与高野山单称真言宗、智山豊山称真言宗新義派、一時変成三管長之対立。

時大崎行智、和照雲等憂此真言宗之分離解体、奔走於政府之間結果、其十二月四日廢真言各部派管長、合為一宗、一管長之旨令。其十一月開本末会議於東京霊雲寺、以大師之御遺告為基本、以東寺為真言一宗之総本山、於此設置法務所、東寺長者統理一宗、兴学、布教、庶務之大権予以総攬之。

基於此一宗一管長制度，於明治十四年在東寺境內開設真言宗總黌，努力於宗義之教育，其十七年八月政府廢內務省教導職，住持之任免、教師之等級進退等委任於各宗管長。其十八年開一宗本末共同會議於東京靈雲寺，定教師之等級分限等，其十九年二月以金剛峰寺、智積院、長谷寺、仁和寺、大覺寺、醍醐寺、勸修寺、隨心院、泉涌寺為東寺長者之候補寺院。又稱金剛峰寺、智積院、長谷寺為教相本山，仁和寺等之六本山呼為事相本山。更於翌年改稱東寺之總黌為事相講傳所，野澤諸流之京都諸本山主宰之。大學林分置於高野山及東京音羽之護國寺，依古義新義之學派去教養學生。

爰事此一宗一管長制度之下，統理一宗之教務，但名大本山之勢力次第而伸張、於東寺之法務所之實力被減殺、只置了新古各大本山之会議所之觀、而至明治二十九年十二月醍醐派先唱分離獨立、高野山和之、不成主務省之認可、三十二年十月、開一宗公会、為此惹了空前之紛擾、劃一同志会与分離獨立派分辯抗爭、事後於其翌三十三年八月九日、遂成真言宗御室派、真言宗高野派、真言宗醍醐派、真言宗大覺寺派、新義真言宗智山派、新義真言宗豐山派、並真言律宗之獨立、此等被認可而別置管長、致為自主分立了。对此劃一派的泉涌寺与勸修寺与隨心院与東寺之四本山即合同而單稱真言宗而獨立、以反抗古義派之分立本山、遂而三十四年七月各派聯合組織制度、其翌三十五年四月二十日、依主務大臣之調停、劃一派与分離派之間和議成立、再復和平狀態，而於明治四十年、解除了單稱真言宗、分為真言宗東寺派、真言宗山階派、真言宗小野派、真言宗泉涌寺派四派、後成八派、八派均持續其聯合制度。

然此古義各派為其聯合事業之布教興學等各點互有意見而衝突不和、大正十二年於高野山開了第六回聯合會議、期於聯合制度之根本、以有改正之要旨之決議為動機、而成了高野山本末會議之開催、御室、大覺寺之二派率先提議一宗一管長、為其他京都五山之不容、大正十四年九月、遂而解除聯合制度、其時離御室與大覺寺派與高野派是全合同樹立古義真言宗、但東寺、醍醐寺、隨心院、勧修寺泉涌寺之五派即分立成了古義的派、此六派謂真言宗各派締結了協約、成教師任職之互融等、又隨心院為本山之小野派是以弘法大師之誕生所之香川県仲多度郡善通寺為本山、及改稱其派號為善通寺派。

此於昭和十六年中國事變為契機、新古之各派統合、成為統然之一真言宗、此亦不能永遠持續、日本參加第二次世界大戰、同二十年直面現實之敗戰之各々立場成為要其難局。新義與古義之分是分論於古義之中亦有幾多重之分合至於今日者也。

真言宗讀本 宗史篇

譯者
大僧正
哲學博士 釋悟光上師

編輯
玄覺

美術統籌及設計
莫道文

出版者
資本文化有限公司
地址：香港中環康樂廣場1號怡和大廈24樓2418室
電話：(852) 28507799
電郵：info@capital-culture.com
網址：www.capital-culture.com

承印者
資本財經印刷有限公司

出版日期
二〇一七年六月第一次印刷

ISBN 978-988-77263-1-9
Published in Hong Kong